放送大学叢書　057

建築を愛する人

建築を愛する人の十三章　目次

◉第一章

建築はいつも私達と共にある

1　全ての人の日常の芸術

建築は、いつも、私達と共にある。私達を守り、私達をひとつにつなぎ、私達の心を喜ばせてくれる。それが、建築という芸術だ。建築は、私達全ての、毎日の生活の中で生きている。このことが、他の芸術と比して際立つ、建築芸術の特質である。

そんなことは、特に改めて意識したことはないという方もおられよう。しかし、そういう人にとっても、建築は、常に、共にある存在だ。意識しているいないに関わらず、建築はいつも私達を守り支え、高め鎮め、あるいは誘いまた留める。

大空の下、大地の上、そして時の流れの中に、建築はいつも、静かに立っている。建築の美とは、本質的に、静かなものである。時に、激しく逆巻くような動きを見せる時もあるが、しかし常にその根底に、深い静けさを持つ芸術が建築だ。その本来の静けさの故に建築は、移りゆく自然の姿を、過ぎゆく時の流れを、照らし出し、映し出す。

ゆく秋の　大和の国の　薬師寺の
塔の上なる　一ひらの雲
（佐佐木信綱）

建築の美とは、まさにこのようなものである。
薬師寺の塔（1－1）のような名建築の場合に限らず、身辺にある日常の建築も、同じくその本質である静けさによって、私達の上を過ぎていく時間を、季節を、そして時代を、映し出している。
喜びに満ちた一日の終わりを告げてくれるのは、夕日の輝き

1-1

を導き入れる窓だ。秋の深まりと母のありがたさを教えてくれたのは、栗の実が音をたてて落ちた背戸の屋根だ。そして遥かなる西部をさまよう男は、自分の幸せな青春の遠く去ったことを、ケンタッキーのなつかしい家の思い出の内に知る。

私達に安らぎを与えてくれる町、喜びを与えてくれる風景、それらは全て、何気ない、しかし静けさに満ちた建築によって支えられている。人は時に豪華な、時に風変わりな建築も求めよう。しかし、そうした祭りの飾りのような建築は、一時のものだ。建築芸術のなすべき大切な仕事は、私達の日常の生活を支え、過去を今日に引き継ぎ明日へつなぐことにある。

私がそのことに最初に気付かされたのは、二十代の半ば、日本の大学の大学院を中退し、ルイス・カーン（1-2）の下で学ぶためアメリカの古都フィラデルフィアに移った時であった。その時、ルイス・カーンは、六十四歳。長い無名の教師時代に積み重ねた、独自な建築哲学の上に立って、爆発的な創作活動

1-2

を始めた時であった。ルイス・カーンも、そしてペンシルバニア大学も素晴らしかった。期待を遥かに超えた素晴らしさで、そこで私の学んだことは、これまで幾度も述べてきたことだが、とうてい述べ尽くせるものではない。しかしカーンのスタジオや様々の講義と並んで、私が大きく学んだのは、フィラデルフィアの町そのものからであった。私が驚嘆したのは、アメリカが日本で想像していたような歴史のない新しい国ではなく、古い国である、ということだった。しかもその歴史は、人々が普通に暮らしている町の空間として、すなわち町家と、その町家のつらなりによってつくり出される通りと、町のあちこちに散在する小広場として生きている、ということだった。

この伝統的な都市住居の形式は、「ロウ・ハウス（Row House）」（1－3）と呼ばれる。煉瓦造りの戸境《こざか》い壁を共有し、通りに面する正面をそろえつつ、ひとつの長いつながり（Row）をつくり出すからである。建物の高さや、建築様式は、地域や時代によっ

1-3

て様々で、それも面白い点であるが、アメリカ独立以前の植民地時代から、今日まで、その基本形式は変わらない。地域の違い、時代の違い、住み手の違いに巧みに対応しつつ、今日まで続いてきた。アメリカ独立宣言の古都フィラデルフィアには、「インデペンデンス・ホール」、「カーペンター・ホール」等々、歴史的記念建造物が沢山あるが、それらの素晴らしさは、ただそれらの建物が、孤立した重要文化財としてあるのではなく、時代を越えて今も毎日の日常の暮らしに生きている、ロウ・ハウスと共にあるからである。

私は、ロウ・ハウスに住んで、初めて、都市に住むことの楽しさ、面白さを知った。いくつかの異なったタイプのロウ・ハウスに住んだが、その度にそのことを感じた。自分の家が、通りをかたちづくり、町をつくり上げている。そのことが家の内部にいても常に感じられることで、私はまさに都市に暮らしていることを実感した。家を出て正面の階段を下りる時、一挙に展開する通りの景色に心は躍った。通りの並木の豊かな緑も、公園や広場の花や木も、いつもこの連続するロウ・ハウスのつらなりと共にあり、時の経過も季節の移り行きも、いつもその上に映し出されていた。

美しい都市も、美しい自然も、常に静かに時代を生きていた建築と共にある。そのことは、その後、アメリカを離れて住んだヨーロッパの町でも、繰り返し、改めて感じた。ロンドンの町の魅力の根本は、その都市住居群、イギリスでは「テラス・ハウス（Terrace House）」によって与えられている。「リージェンツ・パーク」の美しさは、公園の豊かな緑と花々だけでなく、そこを取り囲む、テラス・ハウスによって支えられている。「スクエア」と呼ばれるロンドンの小広場（1-4）は、まさに、テラス・ハウスで囲まれた都市の中の公共の部屋としてつくられている。そこに、あの安らぎに満ちた、様々な美しいスクエアが生まれる基本がある。なにかの大げさなイヴェントや記念行

1-4

事のためにつくられた、日本の都市の公園や大通りが、騒がしいだけの空虚なものになるのは、この根本が欠けているからではないか。

2　静けさ故に建築の力は、大きく強い

建築は常にただ黙しているだけではない。高らかに唱う時もある。軽やかに躍る時もある。激しく叫ぶ時もある。その力の大きさは、誠に、計り知れない。その力の大きさは、人の魂をゆさぶり、生きる方向を新たにさせることさえある。

ノオトルダム　ド　パリのカテドラル（1-5）、
あなたを見上げたいばかりにぬれて来ました、
あなたにさはりたいばかりに、
あなたの石のはだに人しれず接吻したいばかりに。

1-5

…

おうノオトルダム、ノオトルダム、
岩のやうな山のやうな鷲のやうなうづくまる獅子のやうな
　カテドラル、

…

おう眼の前に聳え立つノオトルダム　ド　パリ、
あなたを見上げてゐるのはわたくしです。
あの日本人です。
わたくしの心は今あなたを見て身ぶるひします。
あなたのこの悲壮劇に似た姿を目にして、
はるか遠くの国から来たわかものの胸はいつぱいです。
何の故かまるで知らず心の高鳴りは
空中の叫喚に声を合せてただをののくばかりに響きます。

…

（「雨にうたるるカテドラル」　高村光太郎・一九二一年）

ゴシックのカテドラルを見たいばかりに、ヨーロッパに行った日本人は、高村光太郎だけではなく、数知れない。私自身もそのひとりだ。それを仰ぎたいばかりに、その空間の中に身を置きたいばかりに、ニューヨークから安い運賃の貨物船に乗り込んで大西洋を渡った私は、その最初の出会いを、精神と感覚の最上の状態におくべく、前の夜祈るような気持ちで床についたものだった。そして、朝の光が、後陣の高窓より射し入る、光のかたまりのようなノオトルダム・ド・パリ大聖堂に入った時の興奮。その感動は、それまで聴いたいかなる音楽、見たいかなる絵画・彫刻、他のいかなる芸術をも、はるかに越えた深く大きいものだった。全身がゆさぶられるとはこのようなことか。精神の全て、感覚の全てがつき動かされるとはこのようなことか。

そのような経験は決して私ひとりのものではあるまい。彫刻家のオーギュスト・ロダンは、ゴシック建築を人々のつくり出した最大の芸術であると賛美し、「他のいかなる芸術においても、創造と理性がこれ程活潑に関係しているものは他にない。それというのは、建築は常に雰囲気の中に浸っているからである」と述べている(1-6)。ゴシックの大聖堂の中に入った瞬間に、キリスト教の信仰に入ることを決意した人もいる。長年聖書を読み、牧師・神父の話を聞いても理解できなかったことを、大聖堂の建築は一瞬に彼に説き明かしたのであった。まさに、フランスの美術史家、エミール・マールの述べたように、「大聖堂は書物である。……眼に見えるものとして示された中世思想そのものである」ということなのであろうか。

といって、高村光太郎の聞いた「空中の叫喚」は、吹きすさぶ嵐であって、建築自体が叫んでいたわけではない。嵐と共に、建築が叫んだのでもない。建築は、あくまで、静かに黙していたはずだ。静かに黙していたが故に、その声は嵐の叫喚となって高村光太郎の心に強く響いた。建築の深奥より発せられる言

1-6

葉とは、そのようなものである。

廃墟（1-7）とは、沈黙している建築のことである。現世的な意味を全て捨て去って、廃墟は全く黙している。しかし、黙しているが故に、それが発している深奥の声は、私達の全身をゆさぶり、魂の奥底に響く。現世の束縛、制約から一切解き放たれた廃墟なる建築は、建築とは何か、人はなぜ建てるのか、という根本的な問いを、私達に問いかけるのである。

廃墟からの問いは、建築家にとって永遠の問いである。偉大な建築家は、廃墟に向かいあい、問い直し、学んできた。若き日のル・コルビュジエの旅のノート・ブック（1-8）は、廃墟と格闘する彼の観察、思索の記録である。彼の耳に響いた、建築の沈黙の声の記録である。

ルネサンスの時代以降、古典主義・ロマン主義、等々、建築家は廃墟と向いあいつつ、自分の道を探ってきた。十九世紀にフランスにおいて確立されたアカデミックな建築教育において

1-8

1-7

は、古典古代の廃墟を実測し模写し、そして復元を試みることは、教育の必須の過程とされた程である。

しかし、廃墟から学んだ無数に続く建築家の列の中で、ひときわ際立つのはルイス・カーンであろう。二十世紀の半ば、すでに齢五十歳を越えていたカーンに、ローマ・アメリカ・アカデミーに客員芸術家として滞在する機会が与えられた。その一年間カーンは、歴史的な建築、特に古典古代と中世の建築と向かい合うことに集中した。スケッチをつくり、スケッチすることによって問いかけ問い直したのである（1-9）。木炭やパステルで描かれたエジプト、ギリシャ、ローマあるいは中世建築のスケッチを見ると、彼が、建築に向かって、建築とは何か、人はなぜ建てるのか、という根本的な問いを発し、その答に耳を傾けている姿が見える。カーンは、それまでの歴史主義の無数の前例とは全く違ったやり方で、廃墟の声を聞こうとしたのである。彼は、この一年間において、続く爆発的な創作の原動

1-9

力を獲得し、また深い哲学的な思考の源泉を掘りあてたのであった。「沈黙から光へ（From Silence to Light）」という考えは、そのようにして生まれた。

廃墟の発する沈黙の言葉に、動かされるのは、建築家に限らない。あの不朽の歴史書『ローマ帝国衰亡史』を著したエドワード・ギボンもそのひとりである。この雄大な著作は、一七六三年、弱冠二十歳の青年が、ローマのカピトリヌスの丘（1-10）に立ち、その眼下にひろがる古代ローマの廃墟を一望した時に始まる。その時、ローマ衰亡の千三百年の歴史は、一瞬にして彼の眼前に現れ、深い感動によって彼は圧倒された。その日は十月十五日の秋の夕暮れ、夕日の沈む時で、近くの修道院から祈りの歌が聞こえていたと彼は回想録に記している。まさに建築の力は、このように、それを包んでいる大きな全体の内に現れるのである。

1-10

3　制約の故に、建築の力は大きく強い

建築は、私達の日常の時間・空間の中で成立している芸術である。展覧会の額縁の中あるいは劇場の舞台の上で成立している芸術とはそこが違う。日常とは、数多くの約束や目的あるいは慣習によって成立している世界のことである。建築は、これらの制約を受け入れた上で初めて成り立つ。それだけではない。建築は、大空の下、大地の上に立たねばならぬ。雨風や地震に抗い、重力を支えて、建築は立ち上がらねばならない。

一方で、芸術とは、そうした日常や世俗から離れた存在であるべきだ、という通念がある。むしろこの考え方が、芸術についての今日の一般的理解といっていいだろう。その通念によると、芸術とは、高尚で、純粋なものであるから、制約からは最大限自由でなければならない。使用目的とか、安全性、経済性等に頭を使うのは、芸術家のなすべきことでない、ということ

になる。芸術家とは、周囲のことなど気にせず、なりふりかまわず、気ままに生きるものだ、という今日広く通俗化している見方も、そこから生まれてくる。

また建築は技術、あるいは更に限定して工学の一分野であって、芸術ではないという通念も広く存在している。明治以降の近代化の過程で、西欧の工学の一分野として、近代の建築学を受け入れた日本においては、とりわけそういう見方が一般的である。

しかし果たして、芸術と技術を分ける考え方は正しいであろうか。そもそも、人間本来の行為として、自然な考え方であろうか。西欧においても、芸術と技術が分けて考えられるようになったのは、近代に入ってからである。古代ギリシャにおいても古代ローマにおいても、このふたつは一体のものであった。ギリシャ語の「テクネー」、ラテン語の「アルス」は共に芸術と技術の両方を意味していた。すなわち、概念としてそもそも、芸術と技術は分かれていない。中世の大聖堂の建設を指揮した「マスター・ビルダー（石工の棟梁）」に、あなたは芸術家か技術者かとたずねたとしたら、彼は答に窮したに違いない。建築において、芸術と技術を分けることは不可能である。分けたとしたら、その瞬間に建築は死ぬ。私が、この本の最初から、建築について、「芸術」という言葉を用いてきたのは、この技術と一体になった芸術という意味においてである。あえて技術という語を避けたのは、今日の技術の概念が科学的計量主義にもとづく工学的方法に偏しているが故である。

芸術家が技術者・職人と区別され始めたのは、大きく言えばルネサンスからだと言えるであろうが、芸術家を、純粋で、自由で、従って高尚な仕事だと特別扱いするようになったのは、十八世紀末に始まった「芸術至上主義」からである。彼等は、「美は純粋に美のためにのみ存在する」、「芸術のための芸術（l'art pour l'art, art for art's sake）」と主張した。この考えは、十九世紀ロマン派芸術の中で強められた。ロマン派は、この世の現実から離れ、遠い昔や遥かな異国へ逃れることを望んだからである。その時、今、ここにある現実、日常は醜い価値の低いものだった。フランスの小説家、ゴーチェの言ったように、「何の役にも立たないものに、真の美がある。有用なものは全て醜い。なぜなら、必要は人間の本性と同じく、貧弱で、下劣で、厭わしいものだからだ」ったからである。

ドイツ観念論美学は、この見方を精緻に組み立て展開した。ヘーゲルは、最も高級な芸術は、詩・音楽続いて絵画であり、その下に彫刻があって、最下級の芸術に建築を位置づけた。高貴なものは精神であり、低俗なものは肉体・物質・自然である。従って、実用といった現実、自然という物質から離れられない建築は、芸術として最も低級なことになる。どこまで、論理的に考えられているかは別として、今日の通俗的芸術認識は、この辺にあると言っていいだろう。

では果たして、人間は本来醜悪で低級なものとしてつくられているのであろうか。いや、決してそうではない、本来良きものとしてつくられているという見方もできる。いや、単にそうした見方があるというだけではないのではないか。人間が、人間として生きているということは、本来の良きものとして、良きものに向かって生きていると考えられるべきではないか。たとえ、迷い、苦しみ、過ちから逃れられず、醜い結果を生じようとも、現実を受け入れないで、生きるということは、あり得ないのではないか。少なくとも、建築家は、そう考えないで建築をつくることはできない。建築家にとって、芸術至上主義は、虚言であり、「空しく鳴るシンバル」に過ぎない。

一方芸術至上主義やドイツ観念論美学とは反対に、人間は良きものとしてつくられていると考える地点から出発して、芸術について考察した人々もいる。

アメリカの哲学者、ジョン・デューイは、芸術の様々の分野がそれぞれ固有に持っている特色について考察し、『経験としての芸術（*Art as Experience*）』という素晴らしい本を書いた。彼の哲学は、観念ではなく具体的な経験にもとづいて展開されていく。その中で彼は、建築について次のように書いている。

「建築は、すべての芸術作品のうちで、存在の安定と持続を表現するに最も適したものです。音楽が海なら、建築は山であると言えましょう。その本性である持続する力の故に、建築は、他のいかなる芸術にも勝って、われわれ共通の人間生活の、全体的な特徴を記録し讃美するのであります」（前書、第十章）

これは、芸術としての建築の特色を見事に述べている文章だと思う。詩、小説、音楽、舞踊、あるいは絵画、彫刻等、芸術には様々なジャンルがあり、そしてそれぞれのジャンルには、それぞれが得意とする方法あるいは対象がある。建築の特色は、人間の生活の共通性あるいは全体性を対象とし、その持続性を表現する点にある、とデューイは言っている。たとえば個人的な喜びや悲しみ、あるいはその移ろいや変化を表現したいのなら、他のジャンルたとえば、詩や音楽、の方が適しているであろう。人々が建築に求めてきたものはそうではない。そうではなくて永続性と全体性をかたちにすることこそ、人々が建築芸術に求めてきたものなのである。

従って建築は、有用性や機能の充足を目的とするという点で日常の世界に属しつつ、同時に人間の全体性、社会の持続性を表現するという点において、芸術の内でも最も深く精神的なものとなるのである。

ロダンは『フランスの聖堂』という、美しいスケッチ（1-11）の入った本の中で、次のように言う。「建築は最も頭脳的な芸術であり、同時に最も感覚的な芸術である。すべての芸術の中で、人間の一切の能力を最も完全に要求する芸術である」

神学者でありまた美学者であったオランダのファン・デル・レーウは、現実否定、現実逃避につながらざるを得ないモダニ

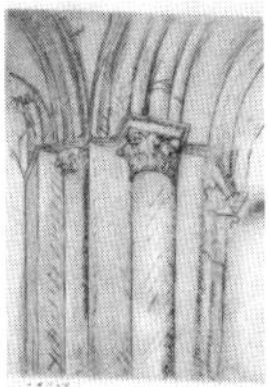

1-11

ズムの美学とは反対に、人間の全面的肯定の上に立つ芸術論を展開した。そして建築芸術は芸術の中でも最も根源的なものであり、宗教に近いものだと考えるに至った。

「建築家は共同体に形を与える。それは、人間の地上における最も初源的な行為だ。畏敬に満ちて彼は、自分の図面の上の直線や円のうちに、神の御計画と一致するものを見出す。彼の建物は真の創造に参加する。それ故に建築は、芸術の総合性と宗教美学の両面において、卓越した地位を与えられる」（ファン・デル・レーウ『芸術における聖なるもの』）

実用性に束縛されているが故に、生活の全体性と関わっているが故に、建築は全ての芸術のうちで最高の地位にあると、彼は主張するのである。建築の本質を鋭くついた考察である。それ故に、同時にその言葉は建築家に対して大きな責任と深い謙虚さを求めるものでもある。

私の作品1

彩の国さいたま芸術劇場
(埼玉県、1994年)

◉第二章

空間は私を包む

1　空間をつくる建築

私は、空間に包まれている。私を包む空間をつくるのが建築である。私を守り、落ち着かせ、そしてあなたとのつながりをつくり出すのが、建築家の仕事である。外から眺められるだけでは、建築とは言えない。それでは彫刻と同じだ。建築はその内に人を包みこむものでなければならない。

建築が、空間の芸術と言われるのはその故である。美術の入門書を開くなら、二次元平面の芸術である絵画、三次元立体の芸術である彫刻に対して、三次元空間の芸術が建築であることが述べられるのが常である。建築空間は、運動、移動と共に経験されることも多いから、時間の次元も加えて、四次元の空間だと言われることもある。

では空間とは何か。空間については、古くから様々な定義がある。しかし、建築空間は自分を包むものとして存在しているのだから、まず自分の身体を中心に置いて考えてみるのがいい。哲学や数学の定義から始めるような議論は、ここでは忘れることにしよう。建築について考える時、そうした議論は、私達の考えを深め、豊かにしてくれることは稀だ。経験的に考えてみよう。その時、まず空間とは誰にとっても、自分を包むものである。自分の身体を中心として、四方に広がり、無限の彼方に消えていくもの、である。この茫漠とひろがってとらえることの難しいものに、ひとつの区切りを与え、ここまでが私の属する領域であるという、ひとつの限定を与えるのが建築であり、そのようにして限定されたものが建築空間である（2-1）。

私達が生きているためには、自分を定着させてくれる拠り所、そして自分を包んでくれる囲いが求められる。茫漠と広がる砂浜で憩う時、あなたはひとつの岩陰を求めて坐りはしなかった

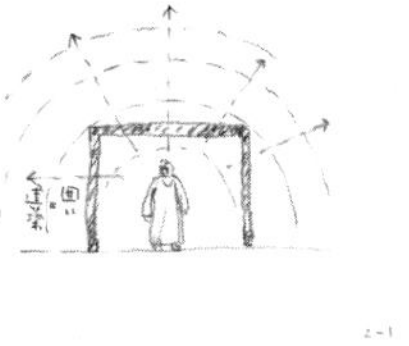

2-1

か。その日溜りがあなたの拠り所、その壁があなたの囲いだ。荒涼とした草原を旅する人は、大きな木の下を一夜の宿とするだろう。木の根元が彼の拠り所であり、広がる枝が彼の囲いだ。

母の胎内から外に出た赤ん坊は無限の空間の広がりにおびえて泣き、母のふところを求めて、毛布を体に引きよせる。幼い子供は押入れにもぐりこみ、あるいはボール箱や家具を用いて自分の小さなお家をつくろうとする。発達心理学者のジャン・ピアジェは、こうした行為は、幼児が周辺の環境に適応していく過程であると説明しているが、これは、まさに建築の始まり、空間の誕生を示している。

原始の人も、幼児と同じように、周囲に果てしなく広がるとらえどころのない空間の不安におびえていたに違いない。原始の住居はこの無限の空間に確固とした限定を与え、それによって自分の世界を確立し、環境に適応していくための出発点であり、基礎であった。住居は、原始の人々を、風雨や外敵から守るための道具であったことも確かであるが、それ以前に、自分のまわりに無限に広がる宇宙と自己を関係づける枠組みとして必要なものであった。宗教学者で美学者のミルチャ・エリアーデは、「家は世界の模型（imago mundi）である。……このことは、すべての民族の最古の文化段階において証明される」と述べている。

建築空間の意味、はたらきについて考える時、興味深く、そして大切なのはここにある。建築は、私達を包み、守ってくれる。雨風、暑さや寒さ、時には外敵から守ってくれるはたらきは、建築のなすべき大切な仕事だ。しかし、人間にとって建築のはたらきは、それだけで終らない。私達を包みつつ、果てしなく広がる世界、無限の宇宙の中で、この小さな私を位置づけ、関係づけてくれるのが、人間のための建築のもうひとつの、大切な、そして根源的なはたらきだ。それは、幼児、原始の人から、全ての年齢、全ての時代の人を通じて常に求められてきた建築の本質だ。私を確立させ、定着させる力、それが欠けているなら、建築は、動物の巣と同じものである。いかに、便利・安全で効率的につくられていても、それは人間のための建築と呼ぶことはできない。原始の住居は、全て同時に、本質的な意味で、宗教建築であったのである（2-2）。

2　部屋は空間の始まり

私を包む空間の最小のまとまりが「部屋（room）」である。英語のルームという語は、古ゲルマン語のラオム（空間）から来た言葉で、部屋が空間の始まりであることをよく示している。日本語も、居間、寝間、客間、床の間、というように、「間」という言葉で部屋を表している点で同じである。

部屋は、人間の存在の基礎である。私は、常に、私の部屋によって守られ、支えられる。私は私の部屋をつくることによっ

2-2

て私となり、その部屋によって私は私であることを確かめる。建築家であり、詩人であった立原道造（一九一四―三九）は、自分の部屋について次のようにうたった。

私のかへってくるのは　いつもここだ
古ぼけた鉄製のベッドが隅にある
固い木の椅子が三つほど散らばってゐる
天井の低い　狭くるしい　ここだ
（「私のかへって来るのは（草稿・仮題）」『立原道造詩集』岩波文庫）

「天井の低い狭くるしい」この部屋は、詩人の拠り所、定着する場所だ。私は出かけるために、そしてまたもどってくるために、私の場所、私の空間を持っていなければならない。それが、私の部屋だ。

部屋の空間とは、まず囲まれ閉じられたものでなければならない。私を中心にして、閉じられたかたちをつくっていなければならない。大きさ、かたちはいろいろあっても、部屋とは、なによりも先に閉じたものとしてつくられる。屋根、壁、あるいは床によって、その閉じた囲いはつくられる（2-3）。

　しかしその閉じた囲いは、ただちに開かれねばならない。私が出てゆき、そしてまた帰ってくるために。そのために、部屋には必ず出入口がなければならない。人は、外とつながるために出てゆき、そして自分の拠り所、すなわち自分自身を確かめるために再び帰ってくる。出入口はそのためのものだ。しかしそれだけではない。出入口、とはまた人を招き入れる口でもある。部屋の中にいるのは、いつも私ひとりだけということはない。私には、私の部屋で共にいたい誰かがいる。それは、家族であるかもしれないし、友人、客人かもしれない。しかし、人間には必ずそのような大切な誰かがいる。それを招き入れ、そうではない人を拒む口が、戸口、あるいは門である。

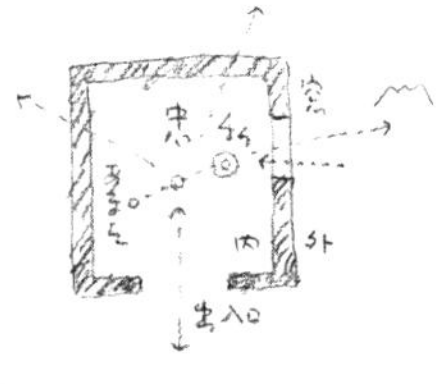

2-3

部屋には、もうひとつ別な種類の開口がある。窓だ。外の景色や、外の光、あるいは風、時には落ち葉や舞う蝶に向かっても開かれる窓だ。私は、窓によって、外に出ていかずとも私の居場所にいながらにして、外とつながることができるのだ。

囲う壁（あるいは屋根）、そこに開かれた戸口と窓、そして空間の中心となる拠り所、これを、部屋をつくる三つの基本要素と呼ぶことができよう。原始の住居には、どの地域のいつのものであれ、その三つの要素によってつくられるかたちが、はっきり現れている。

私達日本人なら誰でも知っている原始的な住居の例は、縄文時代の竪穴住居（2－4）であろう。まず地面を円形に、あるいは角の丸まった長方形に五〇センチ程掘り下げる。そこに、空間を囲うひとつの初源的な壁ができる。この中に四本（時には二本）の柱を立て、その上に梁をのせ、その梁に四周から小梁（垂木）を寄せかけ、その上を小枝や草で覆って囲いはでき上がる。

2-4

火をたく穴が空間の中心だ。そして囲いの横に一ヶ所、出入りのための開口（戸口）が設けられ、上部に一ヶ所あるいは数ヶ所、光を入れ煙を出す開口（窓）があけられて住居は完成する。

この形式は、多くの先史時代の文化に共通している。十九世紀のフランスの歴史家、ヴィオレ・ル・デュクは、そうした先史時代の住居に共通する特色をまとめて、「人類共通の住居のはじまり」と題する説明図をつくっている（2－5）。

樹木のない地域においては、それに代わる材料を用いて住居が築かれた。紀元前四世紀のアイルランドの石器時代の住居は、石片を円錐形に積み上げたもので、そのかたちが、蜂の巣に似ていることから、ビーハイブ・ハット（beehive hut）（2－6）と呼ばれたりするが、空間のかたちとしてはこの図と本質的に変わらない。材料が全く異なっても、共通の形式をつくっている点が面白い。

建築家、ルイス・カーンが、近代建築の理念に疑いをもち、

2-6

2-5

建築はいかにあるべきか、建築は何をなすべきか、という根源的な問い直しを行った時、その出発点に行ったことは、この「部屋＝ルーム（Room）」について徹底的に考えぬくことであった。彼の描いた一枚のドローイング「部屋。建築はひとつの部屋をつくることに始まる（The Room. Architecture comes from the Making of a Room.）」（2-7）は、その時のものである。

円天井に包まれた部屋。中心に燃える火。その前に坐っている人と窓際のもうひとり。窓の外に見えるのは、木々の緑か。中央に「部屋とは、心の拠り所だ」と始まり、「自然の光が入らない部屋は、部屋ではない」と結ばれる、部屋についてのカーンの考察が、美しい文章、魅力的な文字で記されている。

2-7

3　部屋は、閉じられ、また開かれる

開いたままでは、建築の空間はできない。建築の空間とは、まず、閉じられたものとして生まれる。といって完全に閉じられ、そして閉じられたままになっている建物は、建築とは言えない。それは構造物として建物と呼ばれることがあったとしても彫刻であるか、墓であるか、他の何かであっても、真の意味で建築と呼ぶことはできない。ピラミッドは墓であっても、内部に人を住まわせる空間がない以上、建築ではない。窓も出入口もない部屋に閉じこめられることは、思っただけでも恐ろしい。牢獄の恐怖は、寒さ暑さ飢えよりも、外とのつながりを断ち切られるところにある。外の世界と、そして他の人とのつながりを、完全に断たれた時、人は自分自身をも見失ってしまう。完全に閉じられたままの部屋は、従って、部屋と呼ぶことはできないのだ。

建築は閉じられ、また開かれる。人、風、光、景色、時には木の葉や蝶に対して開かれまた閉じられるのが建築である。何に対して、何時、どのように開かれ、閉じられるのか、これが建築の空間の特徴を決定している。それを決めるところに、建築をつくる面白さがある。

空間の開放と閉鎖の問題は、面白く、それだけに様々な問題が重なりあい、からみあった複雑な問題である。しばしば、これは開放的な空間で、あれは閉鎖的な空間だと言うような割り切った分類がなされるが、それは、空間の部分的なある面、あるはたらきについて断言されているので、全体を正しくとらえていないことが多い。それでは、建築の、多様にからみあった問題を、全体として捉える面白さが失われてしまう。

よくあるそうした単純な見方のひとつは、西洋の建築は閉鎖的で、日本の建築は開放的だとする見方だ。たしかに、囲っている壁に注目した時、厚く重い組積造の壁に囲まれた西洋の空間は閉鎖的で、薄く軽い紙や木の板で囲まれた日本の空間は開放的だと感じることは当然だろう。しかし、その主なる囲いの開放性・閉鎖性は、他の部位での、異なった種類の開放性・閉鎖性と、組み合わされている。たとえば、日本の空間の床は、外の地平から一段高く持ち上げられ、そこで履ものを脱がねばならないことによって、空間を強く区切っている。従って、西洋の屋内にいる人が、談笑しつつ、時には男女が組んで踊りつつ屋外に流れ出ていくようなことは、日本の伝統的住居空間においては不可能だ。床と壁は、日本・西洋それぞれの場合において互に他の開放・閉鎖の度合を補いあっているということがわかる。

問題は、さらに複雑に重なりあっている。空間は、ただ単に一枚の壁で包まれている場合は少ない。何枚もの重なりでつくられていくのが普通だ。たとえば建物の壁が、そのまわりを塀や垣根、あるいは樹木で囲まれるといった場合のように。それを、バラバラにして個別に見るのではなく、同時にとらえるなら、たとえば、西洋の住宅は、室内を外に見せるように構えることが多い。その時、たとえ塀があっても、それは、見通しのきく鉄柵等の場合が多いのに対し、日本の開放的な木と紙の住居は、閉鎖的な高い塀で囲まれることが多い。

明治の初めに日本に来て興味深い観察記録を残した博物学者、エドワード・モースは、町の通りを歩いている時「日本の住居が閉鎖的で全く中の生活が見えない」ことを驚き、興味深いスケッチ（2-8）を残している。

あるいは反対に、それまでの西洋の建築の伝統が、あまりにも権威主義的で重々しいと考えたモダニズムの建築は、「開放的空間」、「開放的平面（オープン・プラン）」あるいは「普遍的空間（ユニバーサル・スペース）」といった空間の開放性を強調することで、建築の革新を目指したが、それも極端に片寄ったものとなった。たとえばオランダに始まった「デ・スティール」の運

2-8

動がある。彼等は、それまでの建築をまずバラバラに分解することを試みた。リートフェルトが一九二三年に発表した計画案（2-9）において、住居の囲いは、いくつもの平面に分解されている。彼等の意図は、十九世紀までのあまりにも硬直化した空間概念と設計理念をもう一度新しくとらえ直すことにあったとも言えよう。しかしその理念は、紙の上でしか示し得ず実現した住居は、中途半端なものに終った。華々しい「宣言」や「主張」の言葉がどのように叫ばれようと、紙の上のプロジェクトがどのように描かれようとも建築空間が、完全に開きっぱなしで、存在することは不可能なのである。

　ドイツのミース・ファン・デル・ローエも、同じような考えを煉瓦の壁で試みた計画案（2-10）をつくった。このドローイングそのものは、デ・スティールの画家達の作品に似て美しいと思う人もいるかもしれない。しかし、この中に身を置くことを想像して、そこに自分の空間を見出すことは難しい。ミース

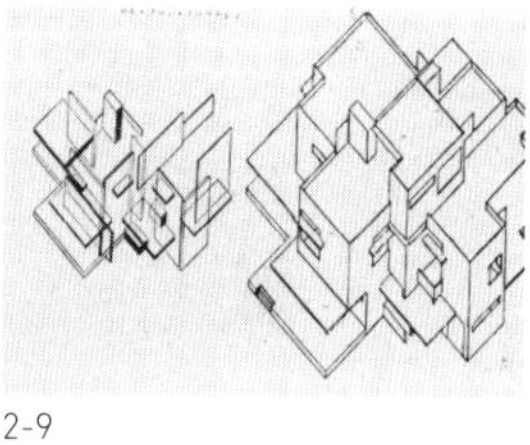

2-9

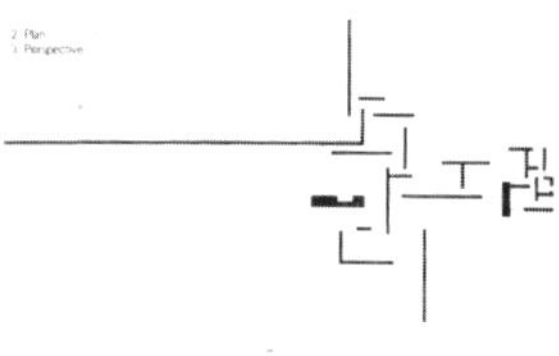

2-10

は、後にアメリカに渡り、イリノイ州に四面透明ガラス張りの「ガラスの家」（2-11）を建て、開放的空間の純粋な実現として注目を集めた。しかしこの空間は一見透明で視覚的には極めて開放的とも言えるが、全体はガラスの箱のように固く閉じられ、更にその箱は森の木々で包まれ他から完全に閉じられていると も言える。果たしてこの空間は閉じているのか。開いているのか。どちらに解釈するにせよ、この中で、自分の居場所をみつけ優しく憩うことのできる人はどこにいるであろうか。現に、評論家達の賞賛とは別に、施主ファンスワースは建築家ミースを訴えたという話も残っている。

ミースに心酔し、彼の方法で多くの建築を実現した、アメリカのフィリップ・ジョンソンは、ミースのガラスの家を模範にした住宅（2-12）をいくつも建てているが、注意深く観察するならば、それらの住宅は、いずれも、開放的なガラス張りの居間を、極めて閉鎖的な石造りあるいは煉瓦造りの寝室との組み

2-12

2-11

合わせで成立していることがわかる。すなわち、ある部分の開放性は他の部分の閉鎖性で補われていることで、住居としての条件はなんとか成り立っているのである。

モダニズムの亡霊は、残念ながら今日でも生きている。「開放的な空間」、「誰でも自由に出入りできるオープンな施設」、「はたらきが固定されず、誰でも自分の居場所が見つけられる空間」……等々の主張は、建築の雑誌の誌上から役所の広報に至るまで、あちこちに氾濫している。結果的に建築は、人を落ち着かせず、町はますます無秩序なものとなっていく。

もう一度、しっかりと、空間の意味が捉え直されねばならない。私は、私の空間に包まれている。あなたは、あなたの空間に包まれている。私とあなたが、同じ空間に包まれている時もある。共にいる、とはその時のことを言う。家族、共同体、とは、同じ空間に包まれている人のことを言う。

私を包み、私とあなたをひとつに包む空間をつくるのが、建築だ。私は、その空間の中で、安らぎ、憩い、自分の行うべきことを行い、自分が自分であることを確かめる。建築空間とは、そのように人を包むものである。たとえ、華やかに人目をひいている建物であっても、その空間があなたを優しく、暖かく包み、そしてあなたがそこに留まっていたいと感じられないものであったら、それは良い建築ではない、と言い切ることにしよう。

自分の空間を、しっかりと持っている人は、そこから出て外とつながることができる。それがない人は、外とつながっていくことが難しい。それは、自分の考えを持たない人が、他と意見を交わすことが難しいことに通じている。部屋と部屋がうまくつながって住居ができ、家族ができる。住居と住居がうまくつながって、町ができ、共同体ができる。良き町、良き都市とは、そのように生まれ、育っていく。そのように部屋とは、人間を育て、建築をつくり、都市をつくっていく、基本なのである。

私の作品2

三春桜中学校

（福島県、1991年）

◉第三章　大地に根ざして立つ

1　人間は大地に結ばれている

美しい山や谷を見たり、川辺や海辺に立つ時、私達の心に深い喜びが溢れる。それは私達の心が、深く大地に結ばれているからだ。大地に護られ、大地から恵みを受けて、力一杯生きていた太古の記憶が、私達の心と体の奥底に今でも生きているのだ。それは、私達の深奥にある根源の力だ。従って、人間は大地の上に建築を建てる時、それが単に物理的に地面の上に建つだけでは決して満足しない。私達の心は、建築がその根源においても、大地と結びつくかたちをしていることを望むのである。良き建築は、常に大地を讃えるものでなくてはならない。そして大地はまた、そのような建築を讃えるのである。

日本のあちこちに立つ神社は全て、その良き例と言える。その中でも際立つのは、伊勢神宮（3－1）であろう。深い森に包まれたこの神域は、何時訪れても、何度訪れても、全身を貫くような感動が与えられる。五十鈴《いすず》川を渡り、長い砂利道を歩いて石段を登った後、ようやく現れる本殿は決して大きいものではない。しかも、建築は玉垣《たまがき》に包まれて、一般の私達に見えるのは、屋根だけだ。建物とそれらを結んでいる道や橋は、私達の目には定かではない大地のかたちとその力を示してくれるために、この大地の上に置かれているのである。この場所には、そびえる山、深い谷、奇勝奇岩といった特別なものがあるわけではない。むしろ、日本のどこにでもありそうな、平凡な地形と言ってもいいだろう。それが、建築群と、そこで続けられている人の営みによって、全く特別なものとなる。それが建築の力なのである。

3-1

人間が、自然と深く関わりながら生き、それに対する畏敬の念を失っていなかった時代に建てられた建築は、全てこのように大地を讃美しており、その姿を見る私達の心は喜ぶ。アテネのアクロポリスの丘に立つ、パルテノン神殿（3−2）がそうだ。丘によって神殿は、美しいものとされ、神殿によって丘は更に美しいものとされている。あるいは、ニューメキシコの谷に掘り込まれたプエブロ族のキーヴァ（3−3）もそうだ。この神殿の空間を包む円形の石の壁によって、この谷を満たす静けさと平安は、私の心にも鮮やかに映った。

大地を讃美しているのは、歴史的な建物や宗教建築だけではない。むしろ、私達の日常を支えている、あたり前の建物においてこそそうであるのが普通だ。なに気ない里山の風景が、その前にある一軒の茅葺きの家によって、心に残る忘れがたいものとなる。大西洋からの冷たい西風が吹きつけるアイルランドの荒涼とした暗い風景は、身を寄せあって風に耐えている漁師

3-3

3-2

の家によって、崇高な輝きを獲得する（3-4）。

このように、深く私達の心は大地に結ばれているから、無残に大地を切り崩し、造成している光景を見ると、怒りがわきおこるのだ。自然の地形を削り、コンクリートの擁壁によってひな壇のように造成された敷地を見ると悲しい。道だけをつけ、敷地の自然の地形をどう生かすかは、建築家の手にゆだねられるべきなのに、日本においては、建築に先立って土木関係者によって「土地の造成」ということに奇妙な仕事が行われる制度になっている。これは住宅地開発に限らず、公共建築の工事においても同じである。土木工事という名目でおこなわれている自然の破壊。ここに日本の自然破壊の大きな元凶がある。

建築は大地から生命を受けている。従って大地から切り離された途端に、建築は死ぬ。移築されて展示物となった建築を見るのは、悲しい。それらが全て、生命の無い抜け殻のように見えるからである。建築を美術館で展示することはできない。本

3-4

来の建物から取りはずされて、展示されている建築の部分は、博物の標本と同じで、悲しそうだ。建築についての展覧会、たとえば建築のドローイングや模型についての展覧会はあり得たとしても、それはせいぜい建築の観念が、ある部分を示すのみであって決して建築そのものを示すものにはならない。日本の建築の真の姿を見るためには、それが立つ日本の大地の上に自ら立ち、ギリシャの建築を見たいならば自らギリシャの光の下に行かねばならぬ。建築と、他の美術との決定的な違いがここにある。

2　建築は大地より始まる

建築を建てるためには、それが建てられる場所の特性を、豊かに感じとり、正しく理解せねばならない。そのような感性を、原始・古代の人々が豊かに持っていたことを、残された遺跡や遺構は私達に教えてくれる。

　神道による地鎮祭は、今日にまで引き継がれている古代の人々の土地の神への呼びかけである。降神の儀、そして昇神の儀における深く長く朗々と響く神官の声を聞く度に私は古代の人の魂にふれる思いがする。日本の古代の神道には、建物はなく、ただ特別な場所があるだけだった。特別な力を示す、ある特別な大地のかたちがあるだけだった（3-5）。特別なかたちとは、わずかに盛り上がった地面だったり、大きく平らな岩盤だったりした。それがすなわち、「神籬《ひもろぎ》」、あるいは「磐座《いわくら》」である。やがてその場所は、その特性を強調するために垣で囲われ、建築物も建てられるようになっていくが、あくまでその力の根本は場所そのものにある。今日の伊勢神宮の本殿は四重の垣をめぐらし、一般の参拝者が入れるのは、一番外側の垣の内のみであるが、それで何の不足もない。

　場所にそれぞれの「霊（アニマ）」があるという考え方は、様々

3-5

な原始的な文化において広く見られるものであるが、「道祖神」は日本における「アニミズム」のひとつのかたちと見ていいだろう。道祖神は、通常集落や村の入口に置かれるが、これはその空間の囲いを守り固める役を果たすためのものである。それは、中国から伝えられた庚申と結びついて「庚申塚」となったり仏教の影響を受けて「地蔵」になったりするのも全てこの延長にある。

古代ギリシャ人も、場所に力があると気づいていた。彼等は場所を「トポス」と呼び、それに基づいて「地形学(Topographia)」を生み出した。古代ギリシャにおいてトポスが、修辞学や記憶術の根底となっていたことも、地形の意味の大きさを教えてくれて面白い。古代ローマ人は、場所(locus)に霊が宿っていると考え、これを「地霊(genius loci)=ゲニウス・ロキ」と呼んだ。そしてこれがその場所、そしてそこで暮らす人に力を与え、誕生から死までを支配すると考えたのである。

中国人は、この土地の力のはたらきを定式化し、それを効果的に利用する術を編み出そうとして「風水説」をつくり上げた。これは秦の時代に始まり、広く各地にひろがって、今日でも中国、台湾、朝鮮等の各地で風水学、風水術として民間で行われている。日本で行われている「家相」もこの流れの端にある。

ところでもしも、地形が、そこに住む人間の運命を一義的に決定しているとしたら、大変なことになる。人間は土地の霊に、金縛りになって生きていくしかないことになる。そうではなくて、私達は、地形を理解し、その声に耳を謙虚に傾け、その呼びかけに答えつつ、建築を包括的な環境の一部としてつくっていくことが求められていると考えるべきではないだろうか。韓国においては、風水説を引き継いで、独特の風水地理説をつくり上げた。それによる「明堂図」(3-6)は、地形の理想形を示したものである。韓国ソウル大学の金光鉉教授は、これは地形の呼びかけに対する応答の姿勢を示したものだ、と説明して

3-6

いる。たしかに「明堂図」の示すかたちは、ゆるい丘に囲まれ南に開き、中心に泉を持つ空間のかたちを示すものであり、それは、第二章で述べた「ルーム」のかたちに他ならない。

私が訪れた韓国李朝の住宅は、いずれも大地に連なりつつ、威厳に満ちて決然と立ち、静けさに満ちかつ力に溢れていた。韓国中央部にある河回村（3-7）の家々が、それを取巻く山や川を共鳴しあう限りない安らぎに満ちた美しさ、そしてその村はずれの川辺の丘に立つ屛山書院（3-8）の鮮烈で力強い美しさは、金教授の言う「地形との応答」の最上のものだと私は思う。

3　そして建築は大地を讃美する

敷地を見にいく時は、建築家にとって最も楽しく、そして興奮する時だ。どこに、どのように新しい建物を建てるべきか。

3-8

3-7

敷地を歩きまわり、様々な角度から眺め、そのかたちを頭の中に描く。この場所は、この地形は、建築に何を求めているだろう。これはどうか、あれはどうか、それともこうした方がいいか、まさに大地に問いかけ、その声を聞く時である。その問答は、設計に取り組んでいる間、絶えず続くものではあるが、敷地と出合う最初の時、決定的なイメージが与えられることが多い。そうしてそういう時の設計は、必ず楽しく進んで良い結果に至る。

敷地を見て、ここに建物を建てるべきではない、と判断する時もある。敷地の様々な条件が、建築に適していないことがはっきりわかった時は、当然そうだ、しかし、稀に、敷地があまりにも美しく周囲の自然と完全に調和していて、いかなる建物を建てても、その調和を損なうとしか思えない時もある。そういう場合、建築家は、建てるのをやめようと、勇気をもって言える人でなくてはならない。福島県の三春町《みはる》（3−9）の中学校の

3-9

設計は、地元の人々と一緒の敷地選定から始まったが、いくつもあった候補敷地のひとつは、そのような理由で除かれたのであった。

今日の日本の大都市とその周辺の敷地は、画一的に開発されてしまって、それぞれの特徴を見出すことは、極めて難しい。しかしそれでも、心を尽くし力を尽くして注意深く見れば、その輪郭、その傾斜、あるいはそこに射す日の角度、遠くに近くに見える山並み等々、なにか固有のものがあるはずだ。建築家ならば、それにまず全力を傾けるだろう。敷地本来のかたちが損なわれ、失われてしまっていることに気付くこともある。むしろそういう場合の方が今日多いかもしれない。その時は、建築にとって新たな挑戦の機会だ。失われた敷地の特質を回復すべき機会が与えられたのである。たとえそれが、ささやかな小さな機会であっても、それは建築家のなすべき大切な仕事だ。

私達が設計した、東京麴町の二松学舎大学千代田キャンパスの再開発計画（3-10）もそのような仕事のひとつだった。東京は、もともと、丘と谷の入り組んだ台地の上で発展してきた町で、江戸はその地形をうまく生かしてつくられてきたが、明治以降の近代化はその方向を大きく変えた。川や堀は埋められ、水辺の緑地は建物用地となり、丘は削られ谷は平らにされた。二松学舎大学のキャンパスの緑の斜面広場は、皇居に連なる麴町の台地を少しでも回復しようとするささやかな試みである。

埼玉県上尾の聖学院《せいがくいん》大学キャンパスの再整備計画（3-11）もそうした試みのひとつだ。大学開設後、あわただしく校舎建設を重ねてきたこのキャンパスは、一見雑然としていて、それにどのようなまとまりをつけていくのか、最初は極めて困難であると思われた。しかし、この敷地が、川に沿って走る低い台地の斜面に展開していることに気が付いた時、道が開けた。斜面は、大きいゆるやかな円弧を画いていた。この円弧の、みえない中心に向かう放射線を手がかりにして、キャンパスの建物を

3-11

3-10

組み立てることにした。私達の設計した聖学院大学講堂・礼拝堂は、建物平面の中心軸をこの放射軸のひとつにのせ、斜面にかみこむような断面形をとることによって生み出されたのであった。そしてすでに建てられていた既存の建物も、地形に沿った新しいまとまりを獲得したのであった。

建築家、フランク・ロイド・ライトは、敷地に応じた美しい住宅を数多く設計した建築家として知られている。彼は、建て主に向かって、「私に良い敷地を与えてくれるなら、私はあなたに良い住宅を与えよう」と言った。ライトの傲岸不遜な態度を示す例ともされるが、敷地を大切にしたライトの姿勢を示すものと考えたい。彼は、他の人の目には見えない敷地の良い特質を発見し、それに応じた見事な住宅を設計することもできた。ロサンジェルス郊外に建てられたミラード邸（3-12）は他の人が見向きもしなかった谷を敷地としたものである。それについてライトは次のように書いている。

3-12

「すでに買われていた敷地を私が拒否したのは、近くの美しい谷が目にとまったからだ。小さい谷の奥に家を建てたいと思う人はいないだろう、と私は思った。この地方の愚かな習慣（丘の上に建てたいという）のおかげで私達はこの敷地を安く手に入れることができた。小さな谷の奥に建物を置くことによって、谷は生きた庭となった。奇跡がおきたのである」（『ライト自伝』）

ライトは、また次のようにも語っている。

「そこが美しい敷地だったことは、その家が建てられるまで誰も気がつかなかった。家が建てられると広がりは奥行を持ちはじめ、その敷地が実際にどんなに美しいものであるか現しはじめたのである」（ライト『建築論』）

場所と建築とのあるべき関係は、まさにこのようなものだろう。

「建築は、場所の特性を視覚化する」という言い方で、アメリカの哲学者、スザンヌ・K・ランガーは、建築と場所の関わり方を、見事に要約している。建築という芸術は、その場所がどのようなものであるかを、目に見えるかたちにする芸術である。従って、場所の特性を視覚化していない建築は、建築という名に値しない。工場で規格的につくられ、まるで冷蔵庫か洗濯機のように、町の一角に設置されたプレハブ住宅が、たとえどのような高度な機能を備えていても、寒々しく見えるのは、そのためである。ブランド商品のように自分のスタイルをつくり上げ、世界のどこであろうとその画一的なスタイルをふりかざす建築家の作品が、たとえ雑誌の写真でいかに美しく見えようとも、実際にその場所で見ると淋しく虚ろなのは、その故である。

私達の住む町、生きる都市とは、まさにランガーの言う「場所の特性を視覚化する建築」が、時代を超えて積み重なってきたものである。都市とは、そしてそれをつくり上げている建築とは、そのように時代を超えて、私達を支える役割を荷なっているものである。そしてその役割を果たす力の根源は、大地によって与えられる。

建築は、大地から離れることはできない。その大地を制約と考え、束縛と受け取るなら、その時建築は、宙に浮いた抽象的なものとなり、互に対立し合い、そうした建築によって作られている都市は、雑然とした落ち着きのないものとなるだろう。しかしそうではなく、大地を、基盤であり、力であると受け取るならば、それぞれの建築は、独自の個性を持ちつつも、全体として調和ある平安を生み出すものとなるに違いない。

私の作品3
聖学院大学
（埼玉県、2004年）

◉第四章

大空の下に立つ

1　建築の上には、空がある

母親に抱かれて外に出た幼児は、空を仰ぎ家の屋根を指さす。それが、空と自分を区切っていたものであることを知って驚くのだ。子供が、「オウチの絵」を描く時、まず屋根を描く。建築をつくり出す決定的な力を、屋根が持っていることを、彼等は知っているのである。ふと見かけた農家の藁葺きの屋根、あるいはアメリカ開拓時代の素朴な住居の屋根に、心温まる思いがするのは、誰も心の底に、そうした大空の深い記憶を持っているからだろう。

空から照る光は、建築に輝きを与え、降る雨は潤いを、吹く風は息吹を与えてくれる。だから、空と向かいあって空間を限っている屋根は、建築空間をつくり上げている様々な要素の中でも、とりわけ大きい力を持つことになる。

「ひとつ屋根の下に暮らす」という言い方で、私達は、家族・仲間・共同体のつながりを示すが、ここに、私達をひとつに包む屋根の力がよく表されている。「パリの屋根の下、セーヌは流れる」という古いシャンソンもあった。美しい都市とは、まるでひとつの屋根の下にあるかのようなまとまりを持つものなのである。従って屋根とは、内に包んでいる良きまとまりを、外に向かって表現するものとならねばならない。ただ単に雨風から守っているだけでは、十分ではない。屋根は、内なる空間を外なる大空に向かって表現するのだ。

そのことは、原始の建築者達も、良く理解していたと想像できる。屋根の棟や、煙出しの開口部をどのように仕上げるか。技術的にも難しく、工夫の必要なところは、建築芸術においては、表現の絶好の機会となる。復元された原始古代の建築は、遠い昔の建築者になりかわった想像の産物だが、その復元の根拠となるのは、決して考古学的資料だけではない。最も強い拠り所は、古代から変わっていない私達人間の肉体であり感性だ。私ならどうつくるだろう、私ならどのように屋根の棟をデザインするだろう。吉野ヶ里や三内丸山の遺跡を訪ね、そこに復元された様々な建物を見ることは、楽しい。果てしなく想像力が刺激される。竪穴住居の復元形式は、ほぼ一定しているようであるが、共用の巨大建築については、不確定な部分が多く、それだけ想像の余地があって面白い。吉野ヶ里の多層建築（4―1）の復元も、三内丸山の長大建築（4―2）の復元も見てなる程と感心し、その素晴らしさに感動する。しかし、その隣に復元された高さ二〇メートルの高楼に屋根がのっていないのは納得できない。あれだけの困難な建て方をやりとげていながら、屋根をのせないということは、私には想像し難い。と、こ

4-2

4-1

のように考え始めた時、私達は古代の人とひとつになる。

そして今につながるその流れの上に、民家の屋根の様々な意匠も、伊勢神宮の屋根の崇高な千木（4-3）も、唐招提寺の壮麗な鴟尾《しび》もある。全て建てる人が、屋根の意匠に心を尽くし、力を尽くすのは、空を仰いでいるからである。無造作につくられた、平らな屋根を見て腹立たしく感じるのは、そこに、空を仰ぐ心がみられないからである。

私達が、空を仰ぎ、そこにある大きな力が、私達全てをひとつにつないでいると感じた時、空そのものは屋根となり、私達を共に包む天井となる。創世記の第一章「天地創造」の場面は次のように語られている。

「神は、水の間に屋根ができて、水と水とを分ける、とおおせられた。……この屋根を天と呼ばれた」

（バルバロ訳、創世記1・6-8）

この「屋根」という言葉は、他の訳では「空」と訳されるこ

4-3

ともあるが、もともとの言葉が、その両方を意味していることが興味深い。まさに、屋根とは大空であり、大空とは屋根に他ならないのである。ヴェネチアのサン・マルコ大聖堂の天井のドームのひとつにはまさに、その場面が画かれている（4－4）。

2　屋根は私達をひとつに包む

古都奈良や京都の風景を思う時、町並みの上に浮かぶ大きなお寺の屋根を心に描く人は多いだろう。奈良なら東大寺大仏殿の屋根（4－5）か、興福寺の五重の塔か。京都なら西本願寺・東本願寺の大屋根か、東寺の五重の塔か。屋根は、日本建築において際立つ建築要素である。その屋根について、谷崎潤一郎は、次のように論じている。

「私は建築のことについては全く門外漢であるが、西洋の寺院のゴシック建築と云うものは屋根が高く〳〵尖って、その先

4-5

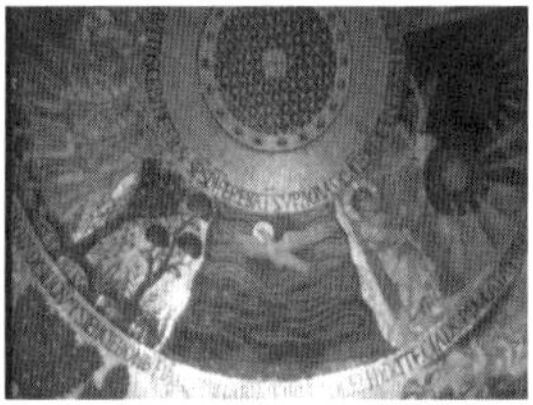

4-4

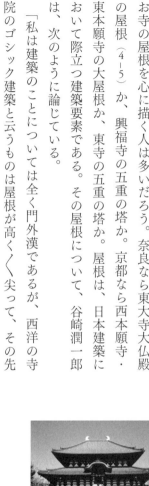

が天に冲せんとしているところに美観が存するのだと云う。これに反して、われ〳〵の国の伽藍では建物の上にまず大きな甍を伏せて、その庇が作り出す深い廣い蔭の中へ全体の構造を取り込んでしまう。寺院のみならず、宮殿でも、庶民の住宅でも、外から見て最も眼立つものは、或る場合には瓦葺き、或る場合には茅葺きの大きな屋根と、その庇の下にたゞよう濃い闇である。時とすると、白昼といえども軒から下には洞穴のような闇が繞っていて戸口も扉も壁も柱も殆ど見えないことすらある。これは知恩院や本願寺のような宏壮な建築でも、草深い田舎の百姓家でも同様であって、昔の大概な建物が軒から下と軒から上の屋根の部分とを比べると、少なくとも眼で見たところでは、屋根の方が重く、堆く、面積が大きく感ぜられる。左様にわれ〳〵が住居を営むには、何よりも屋根と云う傘を拡げて大地に一廓の日かげを落し、その薄暗い陰翳の中に家造りをする」

(『陰翳礼讃』)

ゴシック建築についての説明は別にして、日本の建築の特質をつくり出す屋根については、核心をついている。彼の論点は、続いてその屋根の下に生み出される空間に移っていくのだが、そのことは別の章で改めて見てみることにして、浮遊するように大きな日本の屋根に注目しよう。

デンマークの建築家、ヨルン・ウッツオンは、日本を訪れて見た日本建築の第一印象を、簡潔なすばやいスケッチ（4-6）で示した。これは、大地あるいは持ち上げられた床の上に、浮遊するかのような大きい屋根でつくり出される日本の空間の特徴を見事にとらえている。このスケッチをつくった時、ヨルン・ウッツオンはシドニーで設計中であったオペラハウスの現場に向かう途中であった。シドニー・オペラハウスの彼の初期のアイディア・スケッチ（4-7）、そして完成したオペラハウスの美しい大屋根を見ると、彼が日本の大きな浮かぶ屋根に敏感に反応し共感したことがよく理解できる。

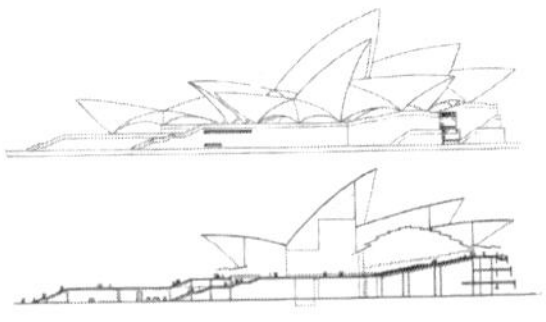
4-7

4-6

前川國男は、ル・コルビュジエの下で建築の修業をし、日本に彼の理念と造形を持ち込んだ日本近代建築の開拓者であるが、彼の代表作である東京上野の東京文化会館は、ル・コルビュジエのインドの美術館に見られるような、まくれ上るひさしという特徴的な造形を元にしながらも、それを全体を覆う大屋根のような日本的造形に移しかえている点が興味深い。

丹下健三が一九六四年の東京オリンピックのために設計した代々木の体育館（4－8）は、吊り屋根の構造を用いて、日本的な曲線をもって浮かび上がる屋根で包まれる空間を生み出した独創的な作品である。

建物の上に浮かぶようにつくられる屋根とは違って、建物から上に膨れ上がったような屋根もある。ルネサンス以降、西欧の古典様式で盛んに用いられた「円屋根」すなわちドームやクーポラがそうだ。今日の西欧の大都市、ロンドン、パリ等のスカイラインに際立つのは、都市の冠のような大ドームである。

4-8

ロンドンの聖ポール大聖堂（4-9）、パリのパンテオン等々、取り上げたらきりがない。アメリカの首都ワシントンのモニュメントも、議事堂の大ドームだ。十三世紀に最盛期をむかえたゴシック建築と訣別し、新しいルネサンスの幕を開けたのは、フィレンツェの町の上にそびえるフィリッポ・ブルネレスキ設計の大ドーム（4-10）である。中世以来建設が続けられていた大聖堂「サンタ・マリア・デル・フィオーレ」の上に、ブルネレスキは、大胆なイメージと細心の技術によって、この大空にむかって膨れ上がり、伸び上がる大ドームを増築したのである。

　ドームは、膨れ上がるかたちであり、包みこむかたちである。ドームはアーチを回転してできるかたちであるが、同じアーチを一方向に伸ばせばトンネルのヴォールトになる。いずれも、空間を包む強い力を持つかたちである。アーチの特徴を、構造技術として大きく発展させたのは、古代ローマであるが、その造形的あるいは空間的特徴は、続く初期キリスト教建築さらに

4-10

4-9

東方ビザンチン建築においてさらに強められた。ビザンチンの建築は、上方に向かって大きく膨張しつつ、一方で下に向かって強く大地とつながり、躍動するような空間をつくり出した。『空間としての建築』という建築空間についての優れた書物の中で、ブルーノ・ゼーヴィは「ビザンチンの建築家は、中央から遠ざかり、いつもいっそう遠く外部へと向かう壁面を創造する」と述べているがここで言われる壁面とは、水平方向に膨れるだけでなく、上方に向かっても膨れ上がる屋根をも含んで言われていると考えてよいだろう。コンスタンチノープルに築かれたハギア・ソフィア大寺院（4-11）は、ヴォスフォラス海峡を見下ろす丘の上から、遥かな高みにむかって膨れ上がっていく大地そのもののように見える。

ドーム、ヴォールト、アーチのような、上方に円く膨れ上がるかたちは、内部に空間を包みこんでいることをはっきりと示している。日本の伝統的な建築様式においては、アーチ形は、

4-11

部分的な意匠として、たとえば禅宗様の花頭窓《かとうまど》のように、用いられることはあっても、主要な構造形式として用いられることはなかった。従って日本の伝統的な木造建築の屋根は、寺院の屋根に見られるように、上方に反りかえるかたちをとっていることが多い。しかしながら、下に向かって曲面を描きながら降りてくる屋根が、空間を包む優しさ、安らぎを生み出すことも、日本人はよく知っていた。そのように、上にむくりを持つ屋根のかたちが、落ち着きと居心地のよさをもたらすものとして、住宅建築に積極的に用いたのが数寄屋造りであった。格式はあっても固く冷たい感じのする書院造りの反りかえる屋根と、たとえば、桂離宮のゆるやかなむくりのついたこけら葺きの屋根（4－12）を比べてみると、その違いははっきりわかる。しかし、このように優しく包むような屋根のかたちは、昔も今も、農家の藁屋根に一般的にみられるもので、数寄屋の建築はそうした草庵から、このかたちを学んだのである。

4-12

3　天井は大空

建築の内部に入って上を見上げれば、上にあるのは天井。私達を上から包んでいるのが天井だ。従って、天井が大空、とみなされるのは当然な、ひとつの成り行きだ。私達の年令の者には、皆に共通なことだと思うが、病気になってひとり寝ている時、天井は、熱のある子供の目には、無限に変化する宇宙そのものであった。天井の木目やしみが、逆まく雲や嵐の空、あるいは星雲のように見えたものだ。

宗教建築においては、天井に様々な図像で天の国の姿が画かれる。禅宗の講堂は、僧達の学問修業の場であるが、その天井には、大きな龍の図が描かれる。相国寺の法堂（4-13）は、私が好きでよく訪れる所のひとつであるが、そこに坐ってその天井を見上げていると、その天井一面に大きく描かれた龍の絵は、子供の時熱にうかされながら見上げた天井の木目の流れと渾然

4-13

一体となって私を遠く高く連れ去ってくれるような気がする。あるいはまた、天平の寺、たとえば、唐招提寺の講堂内陣の天井（4-14）の格間に描かれた花（宝相華文）や菩薩などの多彩な極楽浄土の図も素晴らしい。眺めていると自分も天空に舞い上がっていくかのような気がする。

キリスト教の教会堂は、その成立の当初から、素晴らしい天井をつくり出した。それは建物の内部に会衆を呼び集めるものとして、教会堂は誕生したからである。古代の神殿や日本の神社、初期の仏寺においては、内に入ることのできる人は限られていて、一般の会衆は建物内部に入ることは許されておらず、建物を外から仰ぐしかなかったことと、と本質的に違っていた。キリスト教建築の最も古い例のひとつ、ラヴェンナのガルラ・プラキディアは、外観は粗い煉瓦造りの壁に囲まれたギリシャ十字形の平面の中央に、方形の屋根を載せただけの素朴な建物（4-15）である。窓は小さく、中は暗い。明るい外光の中を歩

4-15

4-14

いてきた目には、始めほとんど何も見えない程だ。やがて目がなれてくると、頭上に満天の星を散りばめ、中央に十字架の輝く、紺青の空が現れてくる（4-16）。四周の壁も全て、モザイクで覆われ、大理石の薄板をはめた小さな天窓から入る光が、それらに反射して、空間が光の塊となって自分を包んでいることに気付くのである。このように「光あれ」（創世記1・3）、「私は世の光である」（ヨハネ福音書8・12）といった言葉が示している神の国の光を、この世で創り出すために、教会堂は建てられていった。天井に、キリスト受洗の姿、あるいは弟子達、天使・聖人に囲まれている姿を画くことは広く行われた。

十三世紀ゴシックの時代、絵画的表現の主役は一時ステンド・グラスに移った観がある。といって、ゴシック建築において、天井の役割が減ったわけではない。むしろその最大の見所は天井にあると言っていい。ゴシック建築の驚嘆すべき様々な構造技術、すなわち空中を飛んで建物を両側から支えている「飛

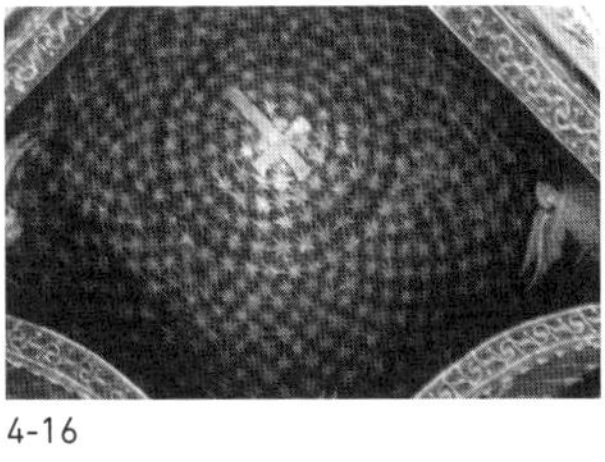

4-16

び梁」、あるいは無数の細い柱の束のようになって高く高く立ち上がる「リブ」、これらは全て、信じられないような高みにおいて空間を包み、両側から光を誘い入れる「交叉ヴォールト天井」を生み出すためのものであった。シャルトル、アミアン（4-17）、ランスの諸聖堂の天井は、フランス十三世紀ゴシックの華である。力強さと優しさ、運動と静止、光と影の最大の緊張と均衡がここにある。しかし、爛熟し退廃していったと言われる十四世紀・十五世紀のゴシックの天井にも、私は強く魅かれる。たとえば、ケンブリッジ、トリニティ・カレッジの教会の天井（4-18）。細い竹ひごを編んだように空中に拡がるリブヴォールトの天井。その優雅さ、軽やかさは、まるで空中を舞って飛び去った天使の軌跡のように見えないか。

ルネサンスにおいて復活した教会堂の円屋根と天井画そして彫刻は、続くバロック期に更に発展させられ、劇的な表現力を得るに至った。それには、頭上遥かの高みに浮かぶ円屋根の基

4-18

4-17

部あるいは頂部から射し込む外光が強い効果を発揮した。イタリアバロックの傑作ボッロミーニ設計のサンタニエーゼ聖堂を覆う巨大な丸天井（4－19）は、天上の世界の姿としてつくられている。天空から降り注ぐ強い光。その光の中を、天の御父にむかってキリストを中心にした、使徒、聖人、そして天使の群が渦巻きつつ上昇していくのである。

室内の闇を貫いて、上空から射し込む光は、私達の心を上方に導く精神的な垂直軸をつくり出す。どのような時代、どのような文化においても、天空光を導くための見事な天井＝屋根の様々な例を見ることができる。そのあまたの例の中でも、最も単純にして力溢れる建築をひとつ挙げるとすれば、それはAD二世紀古代ローマ時代のパンテオン（4－20）ではあるまいか。完全な半球の円屋根。その頂部中央に開けられた円形の丸窓。そこから射し込む光の円柱。衰亡の兆しが明らかになりつつあったローマ帝国に、民衆の心の拠り所となる精神的空間を

4-20

4-19

つくり出そうと、建築家皇帝ハドリアヌスはこの作品に渾身の力を注いだのである。

最後に、近代建築が生んだ傑作として、フランク・ロイド・ライトがフィラデルフィアに建てたエルキンス・パークのシナゴーグ（ユダヤ教会）を挙げよう（4－21・22）。フィラデルフィアの中心を南北に貫くブロードウェイを北に向かうと、小高い丘の上に輝く、もうひとつの光の丘のように見えてくる、集会堂の上を大きく覆う半透明の屋根。夜は光を四方に発し、放浪するユダヤの民を導いたシナイ山のようになることを建築家は望んだ。そして昼は天空光を溢れるように内部に導き入れ、天井はまさに天空と化し、室内は光の量塊となって人々をひとつに包むのである。

4-21

4-22

私の作品4

可児市文化創造センター
（岐阜県、2002年）

◉第五章

門は招き、あるいは拒む

1　狭き門より入れ

門をくぐる時、私達の心は躍る。あるいは実際にくぐらないで眺めるだけの時も、私達はその時の心の高まりを思って、喜ぶ。門のかたちは、そのような力を持っているものだ。

しかし時には、門は私達を緊張させ、逡巡させ、立ち止らせるかもしれない。門の前で私達は、自分は果たして招かれているのか、本当に入るべきなのか、引き返すべきではないのか、迷う時もある。門は招き入れるものでもあり、同時に拒み閉じられるものでもある。門とはそのようなものなのだ。

「狭き門より入れ」という言葉は、天国に入るための準備の大切さを教えた聖書の一節であるが、日本では、入学試験の難しさ、それを突破する価値を語るために、広く用いられているようである。いずれにせよ、門の意味は、入れてもらえる人もあれば、入れてもらえない人もあるということが示されている。誰でも、勝手に入れる門を入ったって面白くもありがたくもない。入れてもらえない人もある門に、自分は入れてもらえたからこそ嬉しいのだ。そのことは、決して、大学の場合だけではない。家の門の場合でも同じだ。家の門という大げさな造りがないなら、広く出入口、戸口、と言ってもいい。ここは、私の入口だということに価値がある。だからこそ、そこに入れてもらえる人は、家族、友人であり、特に招かれた客人、ということになる。入れたくない人、入ってもらいたくない人がいるからこそ、家にはかんぬきが、あるいは錠がかけられているのがあたり前なのだ。門という漢字の古い字体は、まさに、この開いたり閉じたりするかたちを図形化したものである。

「一門」とは、同じ門をくぐって入り、生き方、考え方を共にする人々のまとまりをいう。「入門」とは、その仲間に入れてもらうことだ。そのためには、決心、決意が大切だ。門はそれを自分に確かめ、そして示す場所である。禅の修業を志して越前永平寺の門をたたく者は、拒まれても拒まれても、立ち去らず三日間ひたすら立ち続けた後初めて入門を許された。

このように門とは、入る前に、立ち続け、自分の心を確かめる場所でもある。それは準備が必要であり、待つことも、期待も、また不安もそして決意も必要である。門は、そうした人間の行為、心の動きに応じたかたちを持つことが求められている。学び舎の門とは、たとえば江戸時代につくられた岡山に残る閑谷学校をみても、栃木県足利市に再建された（5－1）足利学校をみても、あるいはオックスフォードのケンブリッジやカレッジの門（5－2）を見ても、それぞれこのような門の持つべき多様な意味に対応した見事なかたちが与えられていることに気づ

5-2

5-1

く。

このことは、都市が門を持っている場合においても同じである。共同体としての性質を持っていた都市には、必ずなんらかのかたちで入口があった。入口によって共同体の存在は守られていたのである。城壁で囲まれていた古代や中世の都市においては、門は一層はっきりとしたかたちをとった（5-3）。門の内には法律と秩序があり、外には無法、無秩序があった。門の内には法に従う市民が住み、外には無法者が住んだ。従って、門は多くの場合、裁きの場所でもあった。エリアーデは、「古代においては、判決の場が閾《しきみ》の上に置かれた」と述べているが、まさに門とは秩序の支配する空間と、無秩序の支配する空間との境であったからである。

5-3

2　門は切り、止め、また結ぶ

人の住む空間の大切な基本条件は、人が訪れることにある。私は、ひとり住み、また他を招いて住むのである。動物の巣と人間の家の重要な違いのひとつが、ここにあることは、すでに第二章で述べた。門・入口によって、内（私）は外（他）とつながるのである。内に私が居る場合、誰を私は招くのか、誰を私は拒むのか、私が外に居る場合、私はそこに入ることを望むのか、否か、この大切で難しい判断をするのが門である。

門は、鉄道の改札口のように、ただ人が瞬時に通過するためのものではない。「オン」か「オフ」かを仕分けるだけの選別機ではない。門は待つところでもあり、判断し決意するところでもある。従って、部屋の囲いに開かれた最初の開口部である入口は、ひとつの開口に始まって、やがてそれ自体がひとつの空間となり、部屋になろうとする。

縄文時代の竪穴住居をみても、入口の上にひさし（5-4）がかけられ、そのひさしを支える柱が立ち、しばらくするとそこにひとつの小さい部屋が生まれてくる。これはどのような原始的な住居においてもみられることである。

古代ギリシャの住居はメガロンと呼ばれる矩形平面の建物が原型であるが、この入口に二本も柱が立ち、やがてその前に門が出来て前庭を持つものとなった。古代ローマの住居は、ポンペイで発掘された遺跡にみられるように入口にアトリウム（5-5）と呼ばれる空間を持つが、この空間が住居の内部と、商店などの建ち並ぶ都市の通りをつなぐ働きを持っていた。

人は入口にそれぞれの表情を与えようと努力する。ニュー・イングランドに残る開拓時代のアメリカの住宅（5-6）は、森を切り拓いた人々が自力で建設した簡素な形式のものであるが、それぞれの入口には、精一杯の努力が注がれている。荒地を耕す人の誇りと訪れる客人を迎える喜びが表れている。

5-6

5-5

5-4

この入口も、やがて前面に柱が立ってポーチとなり、更にそのポーチは広く大きくなって列柱で囲まれ、そこは門であると共に居間の延長のような半戸外の空間となり、リビング・ポーチと呼ばれるものとなった（5-7）。外を眺めつつくつろぎ、来客と談笑する外部の部屋で、住居と都市をつなぐ空間ともいえる。西部劇映画の舞台となる町の通りは、このポーチを連ねたものであるし、また西部を放浪する若者が故郷をなつかしんで歌うフォークソングの主題となるのは、故郷の家のポーチに坐って、自分の帰りを待っているであろう母親の姿である。

住居が連続して建つ、高密度な都市においては、門に様々な工夫がこらされる。狭い空間の中で、人の出入をさばき、門の搬出入を制御し、そして人を迎え、あるいは待つ空間とすることが求められるからだ。

すぐれた都市は、皆それぞれその基本単位となる都市住居の型を持っているが、そうした都市住居の一般形となるためのひ

5-7

とつの基本条件は、そうしたすぐれた門の形式を所有すること
にある。
ロンドンの町をつくり上げている、テラス・ハウスと呼ばれる住居形式もそうした良き都市住居単位の例である（5－8）。テラス・ハウスは間口が狭く奥行が長い敷地に建つ連続住居で、一般的に地下一階、地上三階に積層し、隣家と戸境壁（パーティ・ウォールと呼ばれる）を共有している。建物前面には、エリア（ドライ・エリア）と呼ばれる幅一間程の細長い空地が深さ約二メートル程掘り下げられている。住居への入口は、このエリアをまたいで数段昇る階段で達する。エリアと歩道の間は鉄のフェンスで仕切られている。このフェンスは様々にデザインされて、ロンドンの通りの優雅な雰囲気をつくり出す。映画の『マイ・フェア・レディ』で、オードリー・ヘップバーンがこのフェンスに沿って歌いながら歩くシーンを憶えておられる方もあろう。このエリアをまたいで昇る数段の階段、そしてその上にのる

5-8

ポーチのつくり出す門のはたらきと意匠は見事なものである。入口に向って昇る時心ははずみ、また門を出て通りを見下ろす時、胸は躍る。入口階段のすぐ脇に地下に下りていく小さな階段が付いていることも実によくできた工夫である。

江戸時代に完成した日本の町家の形式も、すぐれた都市の住居単位といえる。飛騨・高山に今日残る町家（5-9）も、狭い門に深い奥行を持った住居で連続して美しい町並みをつくる点においてテラス・ハウスに共通している。町家には、地方により様々な形式があるが、一般的に表にミセと呼ばれる部屋を持ち、ここが客と接して商売をしたり作業したり、接待する空間となっている。奥に行くに従ってプライバシーの高い空間となるが、表から奥に向かってトオリニワと呼ばれる土間の空間が真直ぐに入りこむ（5-10）。このトオリニワが、都市的な表の空間から、個人的な奥の空間に到る様々な空間を仕分ける働きをしている。細長い奥行を持った門と言ってもいいような、見

5-10

5-9

事な空間の形式である。こうした見事な空間が、日本の近代化の過程で、忘れられ捨て去られてしまったことが、今日の日本の都市の混乱の一因となっている。

門は準備の場所でもある。門で人は心を整え、あるいは待ちそして決心する。このことはとりわけ、宗教建築においてはっきり見られると言っていいだろう。日本の神社や寺院の長い参道は、心を整えるための空間である。

比叡山延暦寺は、坂本から山に登っていくこと自体が入口と言えるが、更にその寺院の中心となっている根本中堂の素晴らしさは、正面の回廊そのものが、お堂にむかってゆっくり上っていくかたちを持って、訪れる人の心を整え、また高めていくところにある。

門は、こうしたはたらきをより強くするために、時には折り曲げられたり、引きもどされたりする。京都紫野の大徳寺は、塔頭と呼ばれる小さな寺院の集合体であるが、それぞれの塔頭の門から入口までの前庭（5-11）は、折れ曲がり突き当たり、また折れ曲がりながら進む、素晴らしいアプローチとなっている。

前庭が、心を整える門となっていることは、キリスト教の教会堂においても見られる。初期キリスト教の教会堂にみられるアトリウムは、古代ローマの住居空間にもとづくものであるが、世俗的な空間と神聖な空間を区切りつなぐ空間として広く用いられた。ローマのサンタアンブロジオ教会（5-12）にそのひとつの良き例を、今も見ることができる。

ロマネスクやゴシックの大聖堂の西正面は、都市の広場から聖なる空間に向う入口として、丹念にデザインされている。正面中央の円形の大きい窓は、バラ窓と呼ばれ、西からの華やかな外光を内部に導き入れるものだが、同時に外に向って教会の存在を告げるかたちでもあった。シャルトル大聖堂の西正面に見られるようにその下に置かれた中央の入口は、アーチを何重

5-12

5-11

にも重ね、そのアーチひとつひとつに天使や聖人像が彫刻され、そのアーチの下のタンパンには、キリスト像と最後の審判の様子が彫られている(5-13)。この入口を入る人は、いくつものアーチが重なる濃密な空間を通り抜けることになる。その距離は、物理的には短いとしても、空間的にはたらきかける力は大きく長い。この力は、圧縮され、凝縮された門がいくつも重ねられて生み出されたものと言っていいかもしれない。

3　門は建築と都市をつなぐ

内なる空間・内なる生活を守り充実させ、その上でそれを外に表現し、都市とつなぐのが門である。従って、豊かな内部空間を持った建築は必ず見事な門・入口を持っている。見知らぬ新しい町を訪れ、ただ通りを歩いているだけでも立派な入口が連なる町はその内に立派な空間のあることを私達に教えてく

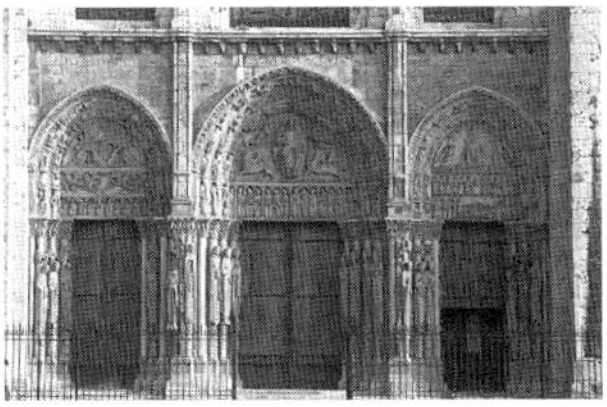

5-13

れ、私達はその通りを歩くだけで楽しくなる。

新潟県の北にある関川村は、日本の伝統的な町家の形式が撞木造りと名付けられた独特の見事な形式に達した所である。今日でも渡邉万寿太郎邸（5-14・15）、佐藤邸等、見事な住居が残ってかつての豊かな秩序ある町の暮しがしのばれる。撞木造りは、正面に平入りの棟が通りに沿って建ち、それに直交する主屋が切妻を正面にみせて配され、全体が丁字型をなすことから名付けられたものだが、この正面の棟は、町と住居を結びそれにつながる様々なはたらきを包みこんだ自立した門とも言える建物である。

韓国の伝統的住居（5-16）も、すばらしい入口の門を持っている。これらの住居は中庭を囲む形式を基本としているが、ここに入る門は独立した構えをしていて、待つ所、接客や応対のための空間を持つ素晴らしい意匠を持っている。

十九世紀末のアメリカの建築家、ヘンリー・ホブソン・リ

5-14

5-15

5-16

チャードソンは、ロマネスク様式の意味を、独自に追求する中で、厚いどっしりとした壁に開かれた丸いアーチ形の開口に、新しい空間の力を与えた人であった。壁が厚く、重々しくあればある程、そこに開かれ、内と外をつなぐ入口に確固とした力が生まれる。住宅の入口、あるいは公共図書館への入口等々に用いられた「リチャードソン・アーチ」の美しさと力は、歴史様式の惰性的な応用になれていた当時の人々の目を驚かせたが、その素晴らしさは今日も変わらない。ボストン郊外にあるエイムズ家の入口（5-17）は、入口の力強いアーチが来客用の宿泊室を伴う入口建物（Gate Lodge）となったもので、まさに門が自立した建築となった好例と言えよう。

入口正面はこのようにして自立した力を持つようになる。従って建物本体がこわれても、正面だけが残ったり、あるいは正面だけを保存して新しい建物に組みこまれたりすることにもなる。

5-17

入口正面だけを、初めから独立した壁として建物本体から離して建て、都市に面したファサードをつくりつつ、見事な中庭を生み出した興味深い例として、フィラデルフィアのロダン美術館（5-18）を挙げておこう。一九二九年にポール・クレが設計したもので、この自立した正面はフランスのロダンのアトリエにあったシャトーの正面を再現したものである。

門は単なるオン・オフの機構ではないことをもう一度それぞれの経験の中でとらえ直していただきたい。建築を見る喜び、訪れる楽しみが、門に集中していることに改めて気がつくことであろう。

モダニズムの建築は、門は過去の遺物であり、古くさい権威に結びついた虚栄である、とみなしたこともあった。第二次世界大戦後の日本における住居改良運動や住居学等においては、玄関、門構え等は封建的な社会の生み出した虚飾だとして否定的に扱われた。しかし、このような考えは、単に門の軽視とい

5-18

うこと以上に、内なる空間、内なる生活のとらえ方そのものが、浅薄だったといわざるを得ない。

今日改めて、個＝内部空間が自己の固有性を獲得しつつ、全体＝都市とつながっていくことの求められている時、門の新たなるはたらきとそれを生み出すかたちがつくり出されなければならない。

私の作品5

曽我・平沢記念館
（新潟県、1991年）

◉第六章　窓は建築の目

1　目は心の窓

良く言われる言葉だ。人の目を見れば、その人の心がわかる。どういう人なのか、何を考えているのか、人の目にそれは、いつもはっきり表れている。

それなら、窓は、建築の目だ、と言っていいだろう。窓を見れば、その内にあるのはどのような空間なのか、その空間に住む人はどのような人なのか、そこに表れている。それが示されていない建築は、目を閉じ、心を閉じた人のように、冷たく、淋しい。

窓も門と同じく部屋の囲いに設けられた開口部であり、空間の特質を決定する重要な要素である。窓は様々な働きをし、多様な形態を持っている。しかしながら、もしかして、あなたは板ガラスのはめこまれた既製品のアルミ枠の窓に見なれてしまっていて、建築の窓を画一的で単調なものと考えてしまってはいませんか。窓の持つ多様なかたちと、それが生み出す豊かなはたらきについて見ることは、建築の与えてくれる最も大きな喜びのひとつです。

窓も、時に開き、そしてまた閉じられる。何に対して開かれたり閉じられたりするのだろうか。光に対して、風に対して開かれたり閉じられたりすることは誰でも思いつくだろう。しかしそれだけではない。窓は、望ましい景色に向って開かれる（6－1）。

様々なものが窓を出入りする。光、風、視線だけでなく、時には小鳥や蝶や木の葉も出入りするかもしれない。人が出入りする時もある。前章で述べた門（入口）と同じく窓も囲いの内

6-1

と外、すなわち空間の内と外をつなぐ開口部としては同じものである。人が出入りする開口部が門であり、通常できないのは窓（出入りするのはわんぱく小僧か盗人か）と考えるのが普通であろうが、「フレンチ・ウインドウ」とは、テラスやバルコニイに面していて床まで開いている窓のことで、人が出入りするためのものでもあるし、日本の障子も雨戸も、床まで開いた窓と考えてもいいだろう。従って窓と出入口は、厳密に区別できないことも多い。特に、伝統的な日本建築の場合においては、そうで、そこがまた面白いところだ。

窓は、また外の景色を切り取り、枠取るものでもある。見馴れた景色を、ある時窓から眺めて、改めてはっと驚いた経験もあるだろう。時には、住む人が、あるいは建築家が、はっきりとした意図で、この景色をこの位置からこの方向で見て下さいと考えてつくられた窓もある。景色を丁度ひとつの額縁に入れた絵のように、切り取って見せる窓であることから、「ピクチャー・ウインドウ」と呼ばれることもある。十八世紀、絵画的な風景、あるいはそのように造られた庭園が好まれたイギリスでは、多くつくられた。

日本の伝統的な庭も、座敷の一ヶ所から見られる時、最も美しいように計画される場合が多いが、そうした時、その景色を区切る縁先や軒先、柱、すなわち建築そのものが、風景を縁取るピクチャー・ウインドウと言ってもいいだろう。

窓は、強すぎる光を柔らげ、優しく室内に導く。光の強い南の国においては、その働きは大切だ。一方、北の国の、弱く乏しい光はできるだけ大切に、室の奥まで導き入れたい。朝食をとる部屋に、朝日が射しこむことは、なんと素晴らしいことだろう。また、一日の終りの燃えるような輝かしい夕日を見ることのできない家は、どこか悲しい。

風についても同じことだ。風の強さを、季節や天候、方位に応じて適切に制御し、心地よく導き入れるのは、窓の働きだ。

そのような、様々な外と内とのつながりを多様に、そして適切に制御するために、様々なかたちの窓がつくられる。窓を眺めること、窓をつくることは、建築の限りない喜びである。

2 窓のかたちが内部空間を決める。

かたちが違えば、窓のはたらきは違ってくるのは当然だが、同じ窓でも位置が違うと、その意味、はたらきは違ってくる。どの位置に、どのようなかたちの、どのような大きさの開口部をあけるのか、建築家が空間をつくる際の、喜びに満ちた出発点である。

ル・コルビュジエが一九二九年にブエノスアイレスで学生にむかって窓について語った、素晴らしい言葉とスケッチ（6－2）がある。

「君は窓をどんな風につくるか。ところで一体窓とは何の役

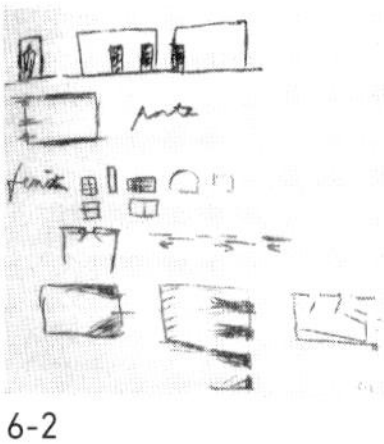
6-2

目を果たすものであるか。何のために窓はつくられるのであるか。君は本当に知っているか。知っていたら、言ってみたまえ。

……

今、ひとつ、全く同等に重要な問題、君はどこにその窓を開くか。君は光が奔入する場所に従って、それぞれ相異なる感覚を生ずることに気付くだろうか。さあ窓を開くことができるあらゆる方法を描いてごらん。そして君はそれが最上であるか、言いたまえ」

窓のかたちと位置のもつ意味についての、見事な説明だ。たとえ全く同じかたち大きさの開口部だったとしても、その位置によってその意味は違ってくる。

窓の高さのもつ意味は、人間の目との関係で決まるからだ（6－3）。今あなたの前にある窓は、目より高いですか、低いですか。それとも、丁度同じ高さですか。建築の寸法を決める際、人間の目の高さとして約一五〇センチという寸法を用いる。人

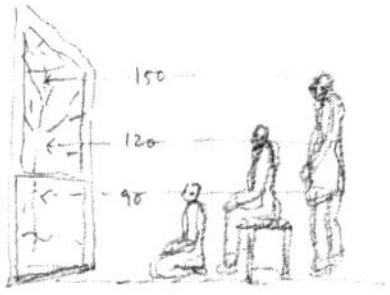

6-3

間の身体の寸法は人によって異なることは言うまでもないが、建築空間という共通な条件に対して、背の高い人は高いなりに、低い人は低いなりに適応して生活している。従って、共通の寸法を用いて設計することが可能となる。同じように考えて、イスに坐った人の目の高さは約一二〇センチ、タタミに坐った人の目の高さは約九〇センチとして通常の建築の設計は行われている。この寸法を念頭において、見てみると、様々な窓の意味がより面白く理解できるようになるだろう。

多くの窓は、視線の高さが窓の枠内に入るようにつくられる。その窓が横長に伸びたかたちにつくられれば、視線は水平方向に導かれるし、縦長につくられれば視線は垂直方向に導かれることになる。H・H・リチャードソンは、それまでの組積造りの建築の窓が、縦長であるのが常であったのに対して、横長の窓を考え出し、室内の視線が水平に広がる新しい空間を創り出した。これが続く、フランク・ロイド・ライトのプレイリー・

スタイルと呼ばれる新しい住宅の形式（6−4）を生み出した。

建築家は時に、あえてこの視点より高くあるいは低く窓をつくる時もある。ルネサンスの建築家、アンドレア・バラディオはその建築書の中で、「聖堂の窓は、目より高い位置に置かれねばならない。世俗の世界は見えず、天空だけが見えるようにするためである」と主張した。バロックの建築家達は、このような上方の窓から落ちる光の効果を好み、さらに大きく発展させた。バロックの空間の、激しく波打つような、劇的な力に満ちた空間は、この上方から流れ下る奔流のような光（6−5）によってつくり出されたのである。

その反対に、下に向かってすなわち地面に向かって低く開かれた窓もある。日本建築において、よく用いられている。地窓と呼ばれる窓がそれである。庭の白砂や池の水面で反射して、下から上に向かう光を取り入れるための窓である。同時にこの低い窓は、視線を地面に、すなわち、庭先の石や水面、

6-5

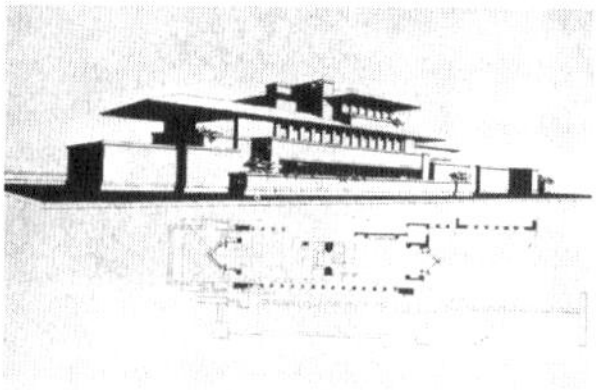
6-4

あるいは遠く見下ろす谷間の景色に導く目的で用いられたりもする。小堀遠州が設計した大徳寺、孤篷庵の茶室・忘筌（6－6）はそうした例の代表である。

このように天窓、地窓、縦長、横長、大小様々な窓はそれが制御しようとする対象、すなわち光、風、視線それぞれに応じて選ばれ、そして組み合わされて、様々な窓をつくり上げるのである。

窓は、正面から見た外形や、その位置で変化するだけでなく、奥行方向においても、すなわち壁の厚みの内においても多様に変化する。

中世西ヨーロッパのロマネスクの聖堂建築を訪れる楽しみのひとつは、その厚い壁に開けられた窓を通して射しこむ光の美しさにある。ロマネスクの建築家達は、後のゴシック建築に見られるような、柱を細くして開口部を広く開け、そこに光輝く色ガラスをはめこむ技術をまだ知らなかった。従って彼等は、

6-6

厚い壁にうがたれた、決して大きいとは言えない開口部を光が通り抜ける時、その効果が最大になるように、工夫をこらした。外光は、斜めに開かれた窓の側面に反射し、その光を黄金色に変化させて、内部空間を満たすのである。十一世紀フランスのプロヴァンスにシトー会修道士達が自ら建設したル・トロネ修道院の聖堂の窓は（6-7）、そうした光の扱い方の最も見事な例である。

厚い壁を通っておだやかに光の射しこむこのような窓際に坐って、外を眺めたり、本を読んだり手仕事をしたりする時、誰しも楽しく心豊かな時を持つであろう。従って、自ら窓際に、机や座席が設けられることになる。ウィンドウ・シート（window-seat）と呼ばれるものである。ゴシックや中世の建築を再評価した十九世紀のフランスの歴史家、ヴィオレ＝ル＝デュクは、こうした窓の面白い実例を多数記録している（6-8）。伝統的な日本建築に見られる書院窓もこれに類するものと言っ

6-7

6-8

ていいだろう。こうした窓はさらに発展して、ひとつの部屋となる場合もある。これは、ウィンドウ・ルーム（window-room）と呼ばれる。

チャールズ・レニー・マッキントッシュの設計したグラスゴー美術学校の図書室は、美しい光の筒とも言いたいような三層吹抜けの出窓（6-9）を持っているが、これはスコットランドのお城の伝統的なウインドウ・ルームのかたちを新しく生きかえらせたものと言われる。

3　窓は、空間に生命を与える

窓は、また、何重かに重なった面、あるいは層によってつくられる場合もある。この重層する窓は、日本の伝統的な建築において多く見ることが出来る。これは部屋の囲いそのものが、何重にも重なった囲いによってつくられているからだ。たとえ

6-9

ばしっくい塗りの壁に開口があけられ、その内側に障子が付けられ、その外側に格子やしとみ戸が付けられる。この三重、四重の開口が、それぞれ開いたり閉じたりすると、窓のかたちは様々に変化する。ひとつの窓でいくつもの開口のかたちがあると言ってもいい。日本建築の空間の面白さである。しとみ戸は、突き上げれば、光も風も視線も入る窓であるが、閉じれば壁だ。修学院離宮の茶屋のしとみ戸（6-10）を開いた時、突然光がなだれこみ下の庭の風景がとびこんでくる。開閉によるその空間の変化は劇的である。四方の壁が、二段にわたって、それぞれに開閉するしとみ戸でつくられている高台寺の時雨亭（6-11）は、その効果を最高度に用いた建築といえよう。

民家等には、雨戸が前に倒れて縁台や腰かけになるものもある。一九九〇年に、アメリカの建築家、ロバート・ヴェンチューリが日本を最初に訪れた時、こうした日本建築の特色を「家具としての壁（wall as furniture）」と述べて興味あるスケッチを残し

6-11

6-10

た（6-12）。

今日の建築家達も、自らの作品を追求する中でそれぞれに、伝統から学び、新しい生命を与えている。

モダニズムの建築理念の先導者であったフランスのル・コルビュジエが、第二次世界大戦の後の一九五四年に完成させたロンシャンの教会堂は、その厚く粗く波打つ造型で、人々を驚かせた。「住宅は住むための機械である」と叫んだ彼の有名な言葉とはあまりにもかけはなれた、彫塑的造型に見えたからである。

しかしその奥行の深い窓から射す光（6-13）に注目すれば、ロマネスクの窓、あるいは更に古代ローマの建築の光に共通するものが、誰の目にも見えてくるであろう。事実若き日のル・コルビュジエは、これ等の建築を訪れ、強い感銘を受けていたことが、残されたスケッチによって知ることができる。

アメリカの建築家、エーロ・サーリネンは、自己の表現様式

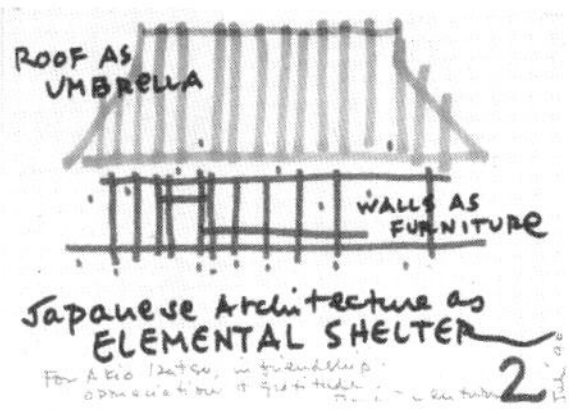

6-12

6-13

を固定せず、作品毎に、その敷地と目的に応じた特徴ある形式を創り出したことでよく知られている。彼が一九五五年、マサチューセッツ工科大学のために設計した礼拝堂は、煉瓦積みの円形の建築で、その中心に上方から、自然光が滝のように降り注ぐ（6-14）。そしてその光を受けた無数の金属片がキラキラ輝く。バロックの光と彫刻を、サーリネンは、現代のかたちとしてとらえ直したのである。

ルイス・カーンは、窓のかたちとそのはたらきについて、深く問い直し、伝統的な建築から学び直し、独自の優れた作品群を次々に生み出した。そしてその問い直しは、通俗化しつつあった近代建築全体の流れそのものの問い直しまでに至った。一九六一年、アメリカ領事館を設計するために、赤道直下のアフリカ、ルアンダを訪れた時、彼は現代アメリカ建築を代表する鉄とガラスの箱形建築が、その激しい陽射しの中で、全く機能していないことを痛感すると共に、原住民の伝統的な建物は、

6-14

全て、窓の外に強い日光を制御するための、独自の壁を持っているのを見て、強く啓発された。「すべての窓は、その前に壁を持つべきだ」という考えとスケッチ（6-15）はその時つくられた。光や視線あるいは風をコントロールするために、ガラスの窓の前に立つもう一枚の壁、という考えは、アメリカ領事館の計画案を生み、更に、続くソーク研究所集会室や、インドやバングラデッシュにおける建物を特徴づけるものとなった（6-16）。

続いて一九六三年、フィラデルフィア郊外にひとつの小さな住宅を設計した。友人、エシェリックのためのこの小さな家の設計において、カーンは窓のかたちとはたらきについて、徹底的なスタディを繰り返し、開口部にそのはたらきに応じて最適のかたちを与え、そしてそれらを統合することによって多様で生き生きとした窓を生み出した（6-17）。そしてその小さな住宅の空間は、無性格なガラスの四角い箱という抽象形態に堕し

6-17

6-16

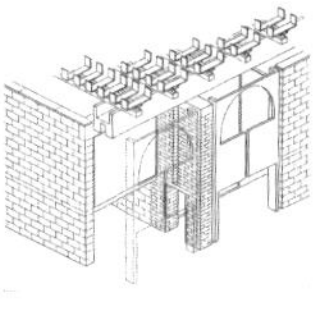

6-15

ていたモダニズムの建築に、再び生き生きとした空間の力をよみがえらせるきっかけとなったのである。

私の作品6

千ヶ滝の山荘

（長野県、1983年）

◉第七章　空間には中心がある

1　私は中心に依って住む

空間は、自分から発し四方に広がっている。空間が生まれる時、中心にあるのは「私」である。空間、すなわち部屋を確定する、ということは、「私」を確定する、ということに他ならない。このことはすでに述べたとおりである。従って部屋とは、あるいは私の家とは、さらに私の世界とは、そのように必ず中心をもって成立している。気持ち良く過せる自分の部屋、あるいはお気に入りのカフェの片隅でもいいが、それがどのような空間であるか、考え直してみれば、誰でも気がつくだろう。その空間が、自分をうまく包んでいてくれて、そしてそこに自分がその空間としっかり結びつけられるなにかがあるはずだ。それはひとつのイスかもしれないし暖炉の火かもしれないし、射し込む一筋の日差しかもしれない。これがその空間の中心だ。第二章「空間は私を包む」で引いた立原道造の「私のかへって来るのは」という詩、その中でうたわれている「湯沸しをうたはせているちひさい炭火」が、彼の「天井の低いせまくるしい」部屋の中心だ。

フランスの哲学者、ガストン・バシュラールは人の生きる空間について広く観察し『空間の詩学』という興味深い本を書いた。その中で彼は「家は鉛直の存在としてイメージされる。家は集中した存在としてイメージされる」と述べている。良い家は全て何らかの中心をその空間の内につくっている。中心を持たない家は、家として成り立っていないのだ。確かに、いくらきれいに整えられ、あるいはぜいたくに飾られていても、よそよそしく寒々しく、そこに私は居られない、と感じる部屋もある。建築雑誌に華やかに紹介されている住宅を見て、格好はいいけど、私は住みたくないわ、という感想を聞かされることもよくある。そうした空間は、その人を包み、そして拠り所となる中心がないのである。

中心とは、必ずしも強い権力を集めるための大げさなものとは限らない。それは、まずなによりも、自分の世界を確かめ定着させるためのものなのだ。人類学者達は、様々な民族が、自分達の世界を確定するために、中心を建立する儀式を持っていることを教えてくれる。日本の神社の御柱もそうであるし、ゲルマン人も聖柱を持った。ミルチャ・エリアーデはこうした意味を持つ柱をまとめて、「コルムナ・ウニヴェルサリス（Columna Universalis）」すなわち宇宙の柱と名づけている。アイルランドの人々の心の中心であるタラの丘には、今も変らず聖なる柱が立っている（7-1）。

中心とは置き換えられた自分と言ってもいい。しかし人は、

7-1

常に部屋の中にとどまっているわけではない。人は動き、遠くへ去っていく存在でもある。しかし人が、いまいる所から動き、いまある自分から離れていくためにも、今の自分、今の中心は確定されていなければならない。すなわち中心とは、とどまるためだけではなく、去っていくための、またあるいはいつか再び帰ってくるためのものでもあるのである。再びもどることもないかもしれない。しかしその時でも、去ってきた自分を確かめるためにも中心は必要なのだ。

空間地理学者、イー・フー・トゥアンは、あらゆる人間は、また文化は、「炉端（hearth）」と「宇宙（cosmos）」という対極を同時に持っていると説明している。「炉端」は言うまでもなく部屋の中心であり、自分の属するところである。一方人間は、その外に脱出するための広い世界「宇宙」も必要としている。炉端があるから「宇宙」をさまよい、放浪によって自分の属する炉端を確かめる。それが人間だとトゥアンはいうのである。

確かに、故郷のなつかしのわが家を離れ、遠く異国をさまよう人の歌、日本の演歌、アメリカ開拓時代の民謡で歌われる「炉端」「窓辺の灯」「古時計」、……全てはこの中心をつくっているものに他ならない。

2　部屋の中心をつくるもの

原始的な住居の中心に火があることは、いかなる文明においても共通している。日本の竪穴住居にあると同じく、アメリカ、ニューメキシコのプエブロの住宅にもある（7-2）。火が、採暖や料理といった実際的な目的のために必要だったことは言うまでもないが、火が人の心を豊かにし、人と人の心のつながりをつくる大きな力を持つことを忘れてはならない。そのことは火に変わるエネルギーを様々に用いて生活している現代においても変わりはない。むしろ、そうなった現代だからこそ、改め

7-2

て、火の大切な意味が浮かび上がってきているとも言える。夏の林間学校に加わった都会の子供達が、キャンプ・ファイヤーに心を躍らせるのはその故である。空調設備、照明設備の完備した住宅においても、特別な時、ローソクに灯をともし、暖炉に火をもやしたいと願うのもその故である。

火をもやすことが、祭の中心となり、いろりばた、という言葉に、家族の強いむすびつき、だんらんの楽しさを感じるのは今も昔も変わりはない。一八七七年から三年間、日本に滞在し、当時の日本の住居と暮しについて貴重な記録を残したアメリカの博物学者、エドワード・モースは、コタツが「まるで巣のようだ」と記し(7−3)、またヒバチが単に採暖の道具ではなく「人が集るために、夏でも火をたきつづける」ことに特別の関心を示しているが、それは私達日本人にとっては、誰にとってもつい先頃までみなれた日常の生活であった。

ヒバチは、モースにとって目新しかったかもしれないが、家

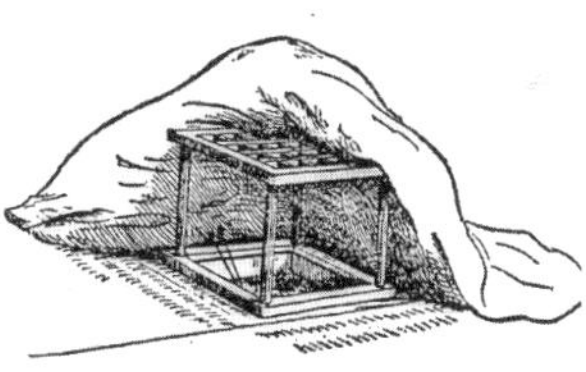

7-3

の中心に火が置かれていることは、かつてのアメリカにおいても同じである。アメリカの東海岸北部のニュー・イングランド地方の開拓者達が建てた住宅の中心には、石や煉瓦で築かれた暖炉がある。開拓者達は、森を切り拓き、まず暖炉を築き、それを囲むように、木造の壁・床・屋根を組み上げていった（7–4）。「ソールト・ボックス」（当時用いられていた塩を入れる箱に似ているのでそう呼ばれた）という名の二階建、切妻屋根のこの簡素な住宅は、暖炉のまわりにひとつに集り、力をあわせ、森を切り拓いて暮らしている家族の様子を、鮮やかに浮かび上がらせてくれる。

柱は、単に重力を支えるだけでなく、垂直を強調することによって、空間の中心をつくり出すこともできる。大社造りの神社の中心に立つ真の御柱（7–5）がそうだ。建物を建てる以前に、この場所の中心を示す柱を建立することにこそ、大切な意味があった。民家の磨きこまれた大黒柱も、ただ屋根を支える

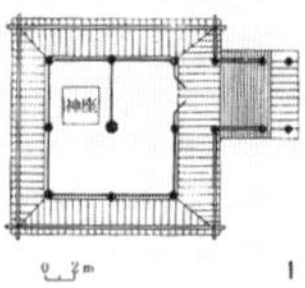
7-5

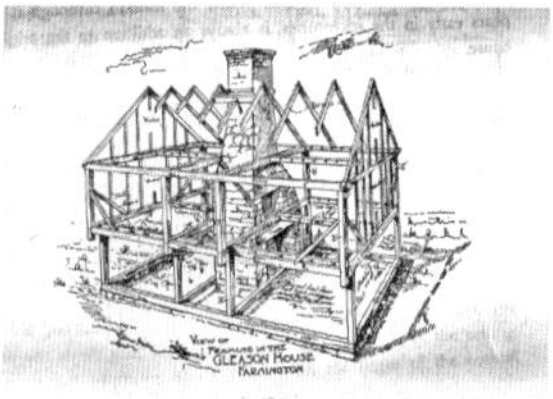

7-4

構造柱として働いているだけではない。共に暮らす家族の中心として必要だからこそ、長年大切に磨かれてあの輝きを獲得したのである。

西ヨーロッパの修道院の集会室（チャプターハウス）において、部屋の中心に柱が立つ例がしばしば見られるが（7-6）、これも単に構造的な理由だけでなく、修道院の共同体全員が集って会則を読む大切な聖務日課の中心としてその空間の中央に立っているのである。

大きな空間の中心を強調するために、部屋の中に、もうひとつの部屋がつくられることもある。ルネサンスの建築家、アンドレア・パッラディオは、美しく調和のとれた建築を数多く設計し、続く時代の規範となった著作『建築四書』を書いたが、その中で、彼は、部屋の理想のかたちを示した。それは、正方形の部屋の中心を囲むように四本の柱が立つもので、「四柱式広間（テトラスティロス）」と名付けられ、古典様式の建築におい

7-6

て盛んに用いられるものとなった（7－7）。四本の柱が、部屋の中心にもうひとつの部屋をつくり出し、それによって部屋のまとまりが、更に強調されたからである。

部屋の天井の下に、もうひとつの天井をつくって部屋の囲いを強調することもある。天蓋と呼ばれるものがそれで、これも、部屋の中に、もうひとつの内なる空間をつくるものと言っていい。仏教の寺院で仏像を安置している空間を強調するために、天蓋が用いられているのも、そのためである。壮大、華麗な例としては、バチカンのサン・ピエトロ大聖堂の大ドームの下に立つベルニーニ設計のバルダッキーノ（7－8）がある。つつましい例としては、天蓋のついた小さなベッドも部屋の中のもうひとつの部屋といっていいだろう。

建築の中心に中庭が置かれていて、この中庭が、様々な部屋をひとつにつなぐ働きをしている時、この中庭は、建築全体の中心空間と呼んでいいだろう。古代ローマの都市住宅は、この

7-8

7-7

ような中庭を持つ平面形が基本であった。「ペリスタイル（ペリステュリオン）」と呼ばれるこの中庭は、花と緑の中央に泉水を配し、太陽の光溢れ、美しく、心安らぐ空間である（7-9）。四方を列柱で囲み、住宅の様々な部屋は、この柱廊に向かって開いている。部屋の集合体としての住居の強いまとまりは、この中庭によってつくられている。この形式は後の時代の様々な住宅形式に引き継がれ、特に、ルネサンス以降の古典主義様式においては、ひとつの理想形とみなされた。

共同体が共に生活する空間に強いまとまりを求める時、中庭は、その力をおおいに発揮した。修道院の建築がその良い例である。修道院を意味する「クロイスター（cloister）」、「クロアートル（cloître）」といった言葉は、ラテン語で「閉じたところ」を意味する「クラウストルム（claustrum）」から生まれたが、まさに閉じた中庭こそが、修道生活の中心であり、共同生活の中心であった。静けさと平安に満ちた修道院の中庭（7-10）。回

7-10

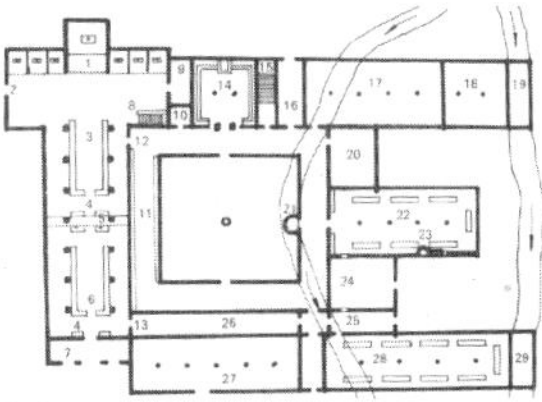
7-9

廊が四周を巡り、聖堂、集会室、食堂あるいは寝室といった様々な空間はこの回廊を囲んでひとつにつながる。修道院の中庭には、常に私達の心を深く動かすものがある。それはこの空間の一点に、共同体の精神の一致、とぎれることなく続く、修道生活の時間が、集約されているからであろう。

中庭を囲むかたちを基本とするケンブリッジやオックスフォード等の伝統的な大学の空間が、時代を越えて、美しく、力に満ちているのも、教授と学生の共同体というそのあり方が、「クワドラングル（7-11）（quadrangle）」あるいは「ヤード（yard）」――いずれも四角形の空間を意味する――という空間として、見事につくり上げられているからである。

3　中心をどのようにつくるか

良きまとまりには、中心がある。外から見てひとつのまとま

7-11

りのように見えていても、中心がなければ、その中身は、実は、ばらばらだ。そのことは、人の集りである家族や社会についても言えるし、部屋の集りである建築、そして建築の集りである都市についても言える。中心の無い建築は、ばらばらの部屋の、雑然とした集団に過ぎない。

美しい建築の平面図を良く見てみれば、その建築をつくり上げている大小様々の部屋が、あたかも良き家族、あるいは健全な身体のように、ひとつの強いまとまりをもって結びつけられているのがわかる。統一、あるいは調和とは、そのまとまりのことを言うのだ。あるべきものは、あるべき場所にちゃんとあり、あるべきでないものは、そこには決して無い。そういうかたちが、良きまとまりというものだ。ルネサンスの建築家、アルベルティは、建築の美しさは何にもとづくのか考えて、次のような定義を行った。「美とは、何を加えても、除いても、変更しても悪くなるような、比例と組み合わせによってまとめられた、すべての部分の調和である」（『建築論』第六章）。

ルネサンスの建築家達は、そのような美しい調和を生みだすかたちを、理論と実践の両面において追求した。その関心の対象は、美術、建築から人体、自然といった広い領域に及んだが、中心を見出すことが、秩序の原理を見出すことに他ならないという姿勢において一致している。宇宙の秩序、人体の構造の解析図においても、建築の空間の構成図においても、その中心を求める姿勢は共通に見ることができる。レオナルド・ダ・ヴィンチは、その追求を言葉やスケッチで記した厖大なノートを残しているが、その中でとりわけ熱心に繰り返されているのは教会堂のスタディ（7-12）だ。それらは、全て、円いドームを頂く大きな中心の空間の周りを、小さい空間が取り巻く、中心型（集中式とも言う）平面の建物であるが、それらを見ていると、宇宙の中心のまわりを回転している星々の運行の姿と重なってくる。

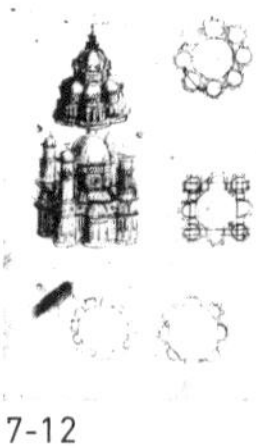
7-12

多動性で移り気のレオナルドは、沢山の計画案のスケッチは残したが、実際の建築を完成することはできなかった。しかし、ルネサンス後期の建築家、アンドレア・パッラディオは、数多くの作品を実現し、後の古典様式の規範となるルネサンス様式を完成させた。とりわけ、彼の設計した住宅や別荘は、調和に満ちた美しさ、心地よさで人々を魅了し、「パッラディオ様式（Palladian style）」は、二十世紀に至るまで、途切れることない影響を与え続けてきた。その空間構成の基本形は中心型平面である（7-13）。すなわち、中心空間を小空間が取り巻く構成であるが、それは正方形、（あるいは矩形）の平面を縦横に三等分してできる中央の正方形を中心とする平面分割の形式とも言えるので、「パッラディオの九正方形（Palladian Nine-square）」とも呼ばれてきた。あるいは「交叉二軸平面（Cross axial plan）」と呼ばれることもある。十八・十九世紀のフランスで確立された古典主義を基本とした建築教育（エコール・デ・ボザールシステム）では、こ

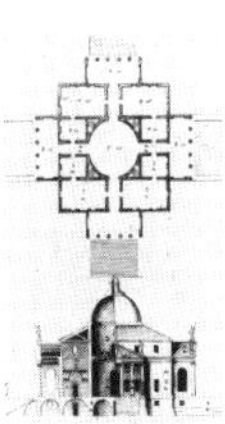

7-13

の形式を先ず身につけることが学生にとって必須の条件とされた。

しかし、「平面の九分割」あるいは「直交する二つの対称軸」という形式まで一般化してみると、そのかたちは、様々な時代、様々な文化において広く用いられている構成形式だということに気づく。私達の親しんできた日本の飛鳥や天平のお寺の金堂や講堂は、全て、基本的にこの構成をとっている（7－14）。そのように、建築の中心は、様々な姿で、時にははっきりと、時には底に潜みながら、建築のまとまりをつくり出しているのである。

古典主義を、形骸化して生命力を失った過去の遺物として否定したモダニズムのふたりの巨匠、ル・コルビュジエとフランク・ロイド・ライトが、全く異なったやり方でありながら、それぞれに、「九正方形」を基本とした平面構成を行っていることは興味深い。ライトの住宅が、初期アメリカの住宅に共通す

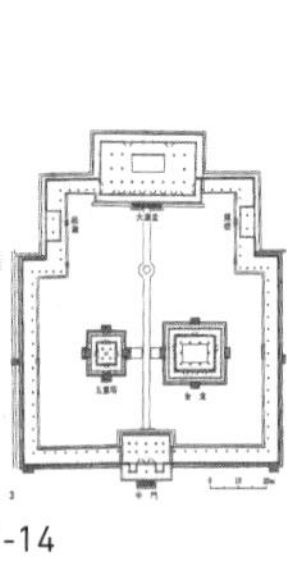
7-14

ることは、先に述べた。中心に、暖炉が置かれていることに加えて、直交する対称軸の存在に気がつくと、ライトの住宅が、「九正方形」を基本にしていることは、誰にでも納得しやすい（7-15）。しかし、モダニズムの前衛として、自他共に認められてきたル・コルビュジエの初期の代表的な住宅が、「九正方形」平面を内に含んでいるという、建築史家、コリン・ロウの指摘は、私達を驚かせ、そしてモダニズムに対する理解を新たにさせてくれた画期的なものだった。前衛のポーズがいかようなものであれ、歴史を否定したり、過去を断絶したりすることなど、いかなる芸術家にとっても不可能なのである。

一九六〇年代、モダニズムの偏ったドグマから自由になったルイス・カーンは、建築の空間を人間の心や体の動きから、もう一度問い直し捉え直そうとした。そのこと自体は、建築にとってごくあたり前のことだ。しかし、あたり前のこと程、難しいことはない。このカーンの問い直しは、二十世紀後半の建築の

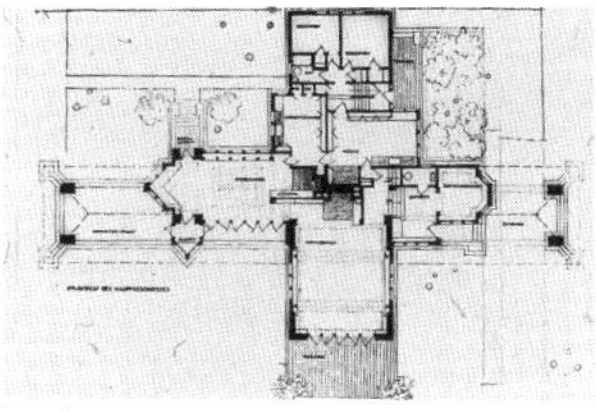

7-15

流れをやがて大きく変えることになる。ニューヨーク州、ロチェスターのユニテリアン教会（7-16）の設計が、その重要な出発点となった。ユニテリアン派は、徹底した福音主義を貫くプロテスタントの一派で、その教会の建築は、礼拝堂と、聖書教育のためのいくつもの教室をひとまとめにした教室棟を廊下かホールで結びつける平面形をなすのが通例であった。

カーンは問い直しそして教会の人々に語りかけた。「なぜ、教室は礼拝堂と共にあるのでしょうか。それらの部屋は、どのようなかたちで、一緒になりたいと願っているのでしょうか」その問い直し、話し合いを重ねていくと、教室の小部屋は、ひとつひとつと礼拝堂のまわりに動いていって、最終的に建築は、礼拝堂の大空間を中心にした中心型の建築としてまとまったのであった（7-17）。

続いてカーンが設計したブリンモア女子大学の学生寮の設計過程も、分棟型から中心型へと移っていく空間生成の様子が

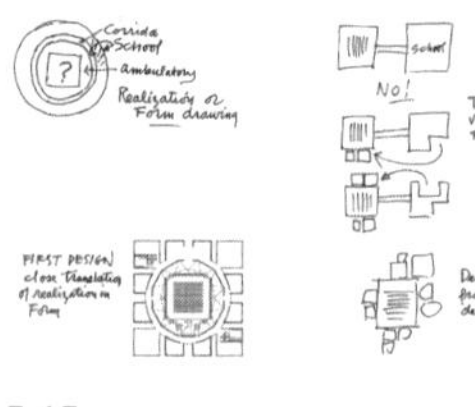

7-17

7-16

はっきりと示されていて興味深い（7-18）。この設計においても、平面型は、どこの学生寮においても一般的な、プライベートな学生個室の棟と、パブリックな食堂・居間等の棟のふたつのかたまりの連結から出発した。しかしここでもカーンは、問い直した。何故、学生は学生寮に住むのだろう。大学の寮で共に暮らすのと、町のアパートで、それぞれに住むことの違いはどこにあるのだろう。その問い直しの結果、食堂・居間・図書室のまわりに、個室群は集中する、美しくまた力強い建築が誕生した。ブリンモア女子大学は、フィラデルフィアの郊外にある古い歴史をほこる名門大学である。この斬新で、同時に古い昔からそこにあったかのような落ち着いた建築に、ブリンモアの学生達は「スコッチ・キャッスル」（7-19・20）という愛称をつけて親しんでいる。

　都市も、それがもし良きまとまりを得ているならば、それは部屋となる。アルベルティが「都市は大きな住居であり、住居

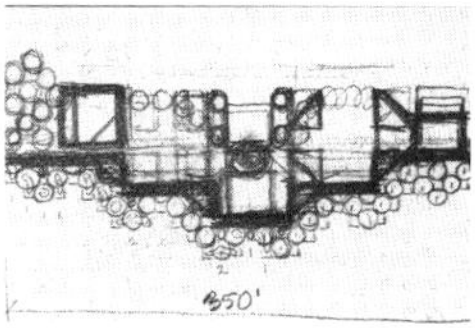

7-18

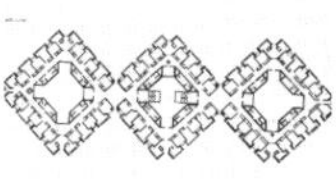

7-19

7-20

は小さな都市である」と言ったことは、両者が共に部屋の性質を持っているということに他ならない。日本の町や村も、ヨーロッパの都市も多くはそのような共同体の部屋であった。ヨーロッパにおいては、広場が、日本においては中心の通りや辻や、社寺の境内がそのような中心として生きていた。

近代の都市の急速な膨張と改造の中で、そうした伝統的な都市の中心は、破壊と消滅の危機にさらされた。自動車交通を第一に考えた道路中心の都市計画と、林立する高層建築群が都市の中心となると考えた都市デザインがこの破壊を生んだ。中心も拠り所も無く、ただ茫漠と広がっていくモダニズムの建築・都市のイメージを代表するものが、ル・コルビュジエの「プラン・ボワザン計画」（7-21）であろう。一九六〇年代の日本でも、その流れにつながる丹下健三の「東京計画」（7-22）や菊竹清訓の「海上都市案」等こうした巨大都市計画案が次々に作られた。しかし、道路は自動車のためだけにあるのではなく、

7-22

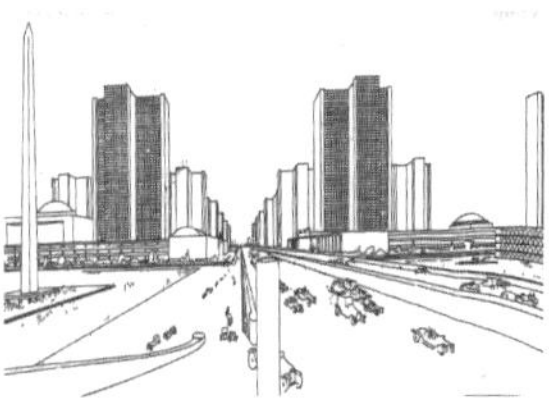
7-21

都市の生活の中心は超高層オフィス群ではない。こうした失敗は決して日本だけのことではなく、二十世紀の前半にモダニズムの都市計画、都市デザインが力を持った先進国に共通にみられるものであるが、一九七〇年代から、「ニュー・アーバニズム」（7－23）や「コンパクト・シティ」の動きを始めとしてこうした都市のつくり方に対する批判反省が起こりつつある。それはまさしく、もう一度人が集まって住む共同体、住区のまとまりと中心を再建しようとする動きに他ならないのである。

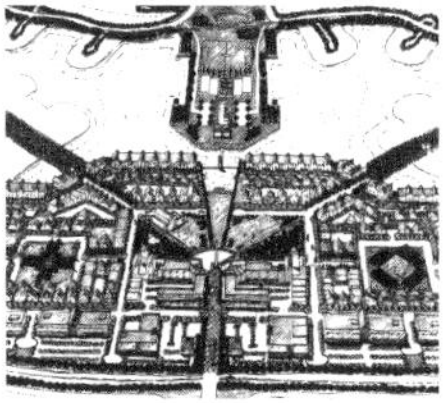

7-23

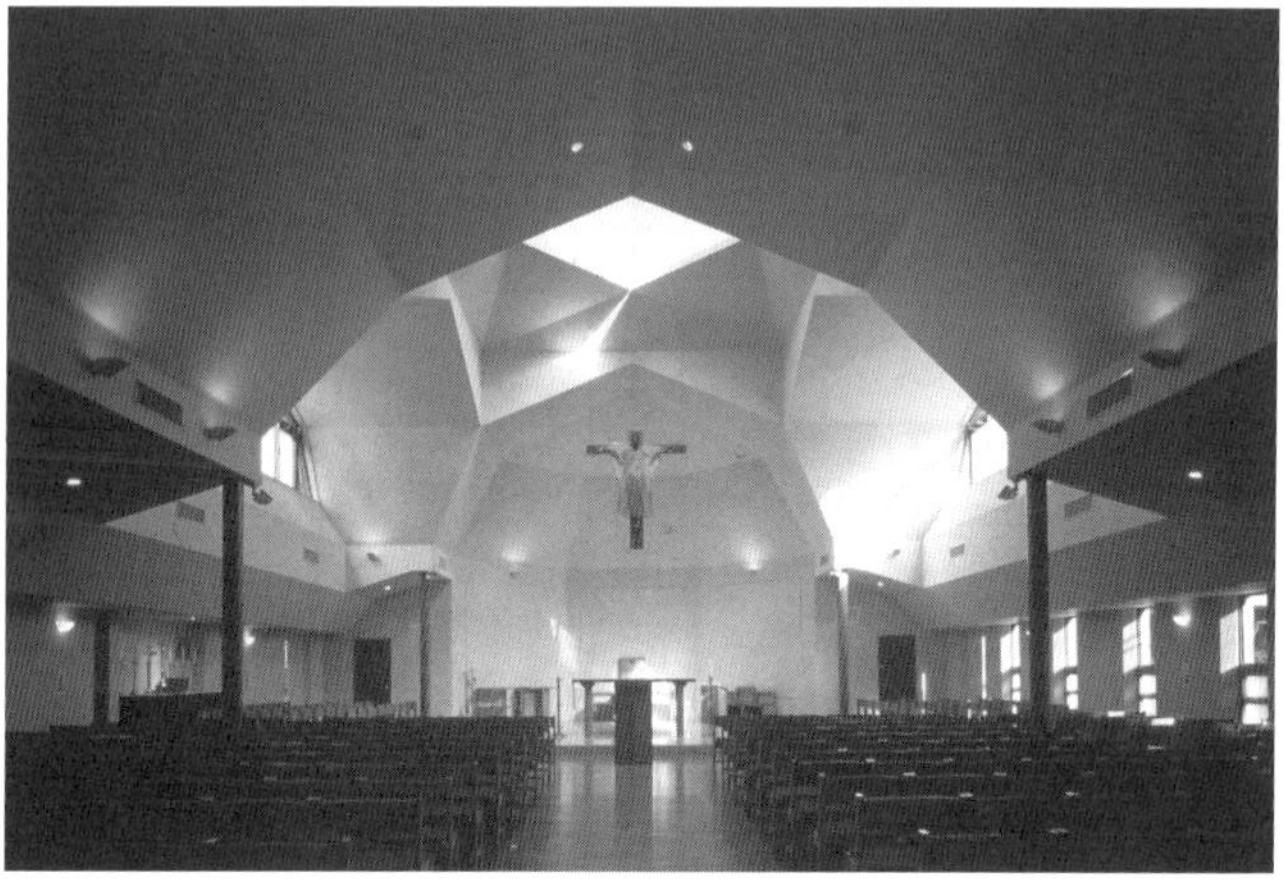

私の作品7

聖公会聖アンデレ教会
（東京都、1996年）

◉第八章　支える柱

1　力強く支える

力を支えて、しっかりと立つかたちは、まずそのことのみで美しい。美しいかたちには様々あるが、力をしっかり支えていることを示すかたちは、そのもっとも基本的なかたちのひとつと言っていいだろう。力を支え、あるいは力に支えられることは、生きることの根本だからだ。重力の支配する地球上で生きていくために、私達には力の働きに反応する本能的力が与えられている（8－1）。

力を支えて立つ柱が美しいことと同じように、家族を支えて懸命に働く母さんは「大黒柱」と讃えられ、チームのために全

8-1

力でプレーする彼は「チームの柱」と信頼される。社会のため、国のため命を捧げた人間を「柱」として賞賛することは、いかなる国においても広く行われてきたことである。

与えられる意味づけには色々あるにせよ、柱は常に人の心に働きかける根源的な力を持ち、従って人は柱を立てることに、何時の時代でも力を尽してきた。人類学者の記録には、そうした例が数多く示されている。ヨーロッパ原始古代のケルト人もゲルマン人も、「聖なる柱」を立てていたことはすでに述べた。北アメリカの先住民はトーテム・ポールを今日でも大切にしている。宗教学者ミルチャ・エリアーデは、こうした意味を持つ柱の総称として「宇宙の柱（コルムナ・ウニヴェルサリス／columna universalis）」と呼んだ。

青森県三内丸山の縄文時代の集落遺跡に想定復元された巨大な六柱高層楼も、原始古代の人々の意志と力を今に伝える迫力ある構築物だ。六本の柱は、太さが根元で約一メートル、それらを全て内側に約二度傾かせて、互いに四・二メートル間隙で正確に組み上げられ、その高さは二〇メートルあったと推定されている（8－2）。その機能について、望楼だ、灯台だ、あるいは神殿だと諸説あるようだが、私には今日の機能でそれを説明しようとする問題意識が間違っていると思われる。それらを全て含んだ「宇宙の柱」というエリアーデの説明に尽されていると私には思われる。

更にこのような建物においては、建てられた後の機能だけでなく、それと同じく、あるいはそれ以上に、建てるという共同作業そのものの意味が大きかったに違いない。その楽しみと、喜びと興奮がなければ、あのような信じられない力と努力を必要とする建設が果たして誰になし得ようか。それを今日に伝えているのが、七年に一度、長野県諏訪大社で行われている「御柱祭」である。深山から、四本の巨木（8－3）を切り出し、そして大勢の男達がそれに取り付いて命がけで斜面を引き落し、そして

8-3

8-2

境内に立ち上げる壮大な神事は、まさに原始の興奮をそのまま今日に伝える世界に稀な行事なのである。

世界最大の木造建築と言われる東大寺大仏殿（金堂）を支えて林立する巨大な木の柱は圧倒的な力に溢れている（8-4）。今建っている大仏殿は、創建時の建物が鎌倉時代に火災で焼失し再建されたものを、更に江戸時代に再々建した三代目のもので、創建時の大仏殿は更に大きいものであった。それを目にした天平の人々の驚嘆は、いかばかりのものであったか、私の想像をはるかに越える。日本に仏教を根づかせねばならないという聖武天皇の信念、そしてそれに応じた人々の熱情があって、はじめてこの壮大な建設はなしとげられ得たのであろう。大仏殿の巨大な柱は、遠くから、大勢の人々によって引かれ運ばれたと伝えられている。聖武天皇は、柱を切り出し、引きそして建てる行為そのものに、人々の心をかき立てる大きな力があることを適確に知っていたに違いない。それ等の巨大な柱は、二度の

8-4

火災を経て、今静かに立っている。全ての崇高な柱と同じように、東大寺の柱群も、騒がしい観光客の群とは関わりのない巨大な静寂の中に立っている。しかし、その静けさの中にあるからこそ、これを建てた人々の強い精神は、千三百年を経た今の私達にも、静かに心を澄ますならば、確かに伝わってくるのである。

大きい柱だけでなく、小さい柱も良い。誰もが、身近にあって親しんだ柱の記憶を持つであろう。「柱のきずは、おととしの、五月五日の背くらべ」と唱われる柱は、自分の身体の延長だ。柱と共に、人は育ってきたのである。従って人は、柱を大切に磨き、あるいは、柱に聖人や聖女、さらには聖母マリアの姿を刻む（8－5）。ロマネスクの教会堂の正面入口、タンパンを支える中央の柱を、聖母マリアの姿に形づくるようになったのは、何時誰が始めたのかは定かではない。ということは、誰が初めであっても不思議ではない程、自然な人間の精神のあらわれということなのだろう。

8-5

2　支えるものは支えられる

支えるものは、必ず他の何かによって支えられている。このことが、柱の美しさを生み出す根底にある。支え、そして同時に支えられる、このことは、私達の生きている物理的世界の仕組みであり、また同時に、人間社会の基本的秩序である。私達の秩序感覚は、この仕組み、あるいは秩序によってつくられている。従って、私達の美的な判断は、支え、支えられるかたちに、鋭敏に反応するのである。

建築のかたちにおいて、この「支え、支えられる」姿が、最も良く目に見えるのは柱の頂部である。すなわち、柱が、その上にのる梁を支えるつなぎの部分である。この部分は、建築の意匠の特徴がはっきり現れるので、作る人にとっては特に力を入れるところであり、見る人にとっても楽しいところとなる。

柱の頂部には日本の伝統的な木造建築においては、「斗栱（ときょう／ますひじき）」が置かれる。住宅建築などでは無い場合も多いが、お寺や神社等には必ずあると言っていい。名前を知らない人でも、実物を見せれば必ず見知っている筈だ。「斗」とは、方形の木の部材で、柱の上に置かれ、その上にのる梁や桁を支える。この斗の上に、腕のように横に長い部材が組み合わされて置かれる場合も多い。この部材は、肘を伸ばして支えているようなかたちであることから、「肘木」と呼ばれる。この斗と肘木が、組み合わされ、積み重ねられた組物が「斗栱」と呼ばれる、社寺建築の特徴ある細部の意匠となる。日本の伝統的な社寺建築の様式は、この「斗栱」のかたちにはっきりと示される。私達が学生の頃の建築史の試験には、必ずこうした「斗栱」のひとつが示され、その様式を特定せよ、といった問題が出たものだ。試験と関係無くとも、この細部の特徴を知り、実物を見てまわることは、奈良や京都を訪れる楽しさをさらに大きくしてくれる。たとえば、奈良東大寺の南大門（8-6）。天

8-6

平時代に創建された建物が焼失した後、鎌倉時代に、僧重源によって再建されたこの巨大な門は、肘木の上に斗をのせる組物を六回重ねて、大きく突き出す軒を支えている。天を突くような、垂直性の強調された「禅宗様」の特徴は、ここに強く示されている。

柱の上に、梁や桁のような横の部材をのせる時、柱の上が広がっているかたちをとることは、作り易く、また、作った後の安定性もいいことは、誰にも見て感じられる。力学的な解析はできなくても、誰でも、それは経験的に、すなわち自身の身体的な感覚として理解できる能力を持っている。従ってそのような、柱の上部の広がったかたちは、どのような文化においても一般的に見られるのである。古代エジプト人は、円柱の頂部を、パピルスの花の形につくった（8-7）。花が大きく開いたかたちにつくる時もあれば、ふくらんだつぼみのかたちにつくる時もあった。古代ペルシャ人は、ペルセポリスの神殿の柱に見ら

8-7

れるような、豪華壮麗な柱頭（8－8）をつくった。柱身には、たての細い溝彫り（フルーティング）が施され、釣鐘形の柱脚の上にのせられている。柱頭は、パピルス形の基部の上に、花の房のような中間部がのり、最上部に人の頭と獣身を組み合わせた頂部がのって梁を支える。

しかしなんといっても、柱の形式を最も美しく整え、後の時代に長く続く規範をつくり上げたのは、古代ギリシャ人である。彼等は、まず柱（コラム）とその上にのる梁（エンタブラチュア）の形式を、三種類に整理した。良く知られている「ドリス式」、「イオニア式」、「コリント式」の三つである。彼等の整理は、まことに見事なものであった。細部のかたち、すなわち「ドリス式」の方形と皿形の柱頭（8－9）、「イオニア式」の渦巻き形の柱頭、「コリント式」のアーカンサスの花形の柱頭、といった風にその特徴的なかたちを定めた上に、更にそれを用いた場合の様々な細部のかたちと比例寸法を定めた。いわばその応用規則まで

8-9

8-8

をも規定したのである。実はこの定形化の過程には、長い期間がかかった。その期間に、そのかたちは丹精され、洗練され、完璧な――と後の古典主義者達が絶対化したような――ものとなったのである。

古代ローマ人は、それを引き継いだ。そしてその形式を更に使いやすいものにし三つの形式を拡張して五つに解釈し直して、広い帝国の版図の隅々にまで普及させた。彼等の建設した数々の都市、その中心となる壮大な公共建築や神殿は、全てこの古代ギリシャ人がつくり出した規範（オーダー）の応用によってデザインされたのである。

ルネサンスは、このローマの古典様式の復興を目指して始まった。ルネサンスの建築家達は、競って正統な古典様式はどのようなものであるかを研究し、実作に応用し、さらにその成果を理論書（それはむしろ後進の建築家のための手引書といった方がいい実用を目指したものだったが）を著した。古典的オーダーの研究は、歴史に対する関心にもとづくだけでなく、ルネサンスの人々が共通にもっていた合理性への関心にも支えられていた。美しいかたち、正しいかたちとはどのようなものか、それを合理的に追求しようとする時、「支える―支えられる」という関係にもとづいて建築の各部分の形態・比例を決めようとする考え方は、強い拠り所となった。十七世紀以降、ヨーロッパの建築理論、建築教育を支配したフランスの美術、建築アカデミーは、正統な古典様式の確立を目指して、壮大な理論体系、教育システムを構築したのである（8―10）。

十九世紀に入って、古代ギリシャの文化についての考古学的研究が進むと、古典様式への関心は、より厳格な形式と、壮大な表現を目指すものとなったが、それは、ヨーロッパ列強の国家主義にとっては、うってつけのものとなった。力強く立ち上がる巨大な柱、普遍的で絶対的な美の規範（古典ギリシャはそのようなものとして受けとられていた）に裏づけられた崇高な美。まさに

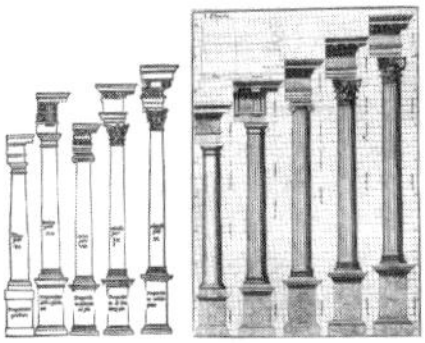

8-10

古典様式の柱は、国家を表現するものとなったのである。フランスの英雄を祭るパンテオン、イギリス帝国の世界支配の成果を陳列するブリティッシュ・ミュージアム（8-11）、ドイツの新しい力を誇示するベルリンの建築群、そして新興アメリカの権力の中心ワシントンの国会議事堂や、数々の建国の英雄のモニュメント（8-12）、それらすべては、古典的柱の競演として、今も私達の目の前にある。

力の表現は、重力に対抗して立つ建築の表現の基本だとしても、あまり過度になったり押しつけがましくなると反撥したい気も生まれてくる。人間の感情とは、そのようなものだ。いくら立派なことを行った人間だとしても、それを見せびらかすと嫌味になるのと同じだ。立派な働きをしていても、威張らず、控え目に、何気なく振舞っている方が好感が持たれる場合が多い。柱も同じだ。柱が巨大な重力に抗して立っていることは、立派なことに違いないが、むしろそれを目立たせないように、

8-12

8-11

むしろ軽やかに、重さなど問題にしてはいないぞ、といった風に立つ姿の方が爽快に見えることもある。ゴシック建築の柱は、石の天井の巨大な重さを支え、高く高く立ち上がる。その構造技術の高度なことは、次に来るルネサンスや古典主義よりはるかに上だと言っていいのだが、ゴシックの工匠達は、それを誇示しようとはせず、むしろ力の表現を消すことを目指した。柱は、細かい円柱（リブ柱）に分節され、連続的に天井に達し、反対側を下りてくる。サント・シャペル（8－13）では、細かいリブ柱は、ステンド・グラスと同じように彩色され、まるで一連の皮膜であるかに見える。ゴシック後期のフランボワイアン様式（火焔様式）（8－14）では、石の柱やアーチは、極限まで細くされ、うねり相互にからみあい、まさに燃え上がる炎、あるいは繊細な竹細工であるかに見える。それが、アルプスを越えてイタリヤに伝わったコスマティ親子の柱に至っては、石をまるで飴細工のように用いたユーモア（8－15）で、それは日本の数

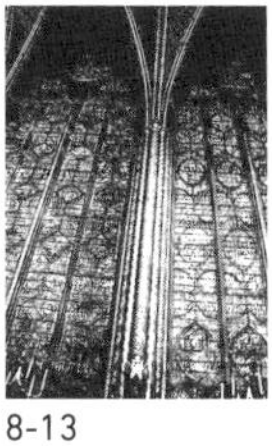
8-13

8-14

8-15

寄屋の軽く、あるいはゆがんだ柱に通じるものと言える。

3　並ぶ柱

並んで立つ柱は、いつどこにあっても、安らかな気配を持っている。一本一本が自立しつつ、他と心を合わせ他を思いやっているからだろう。古代ギリシャの神殿は、この並ぶ柱の建築だ。壁の前に並んで立ち、その壁の上に鮮かな影を落しつつ、ぐるりと取り囲むその列柱廊にこそ、この建築の真価がある。その壁の内部に何があるのか、そんなことにはわれ関せず、列柱の岩と影の間に憩っていたい、そう思わせるような建築、すなわち列柱のための列柱による建築がギリシャ神殿だ。

フランスの詩人、ポール・ヴァレリーは、古代ギリシャの精神と、建築をこよなく愛した詩人だったが、次のような、美しい詩をつくっている。

静かな柱のならび、
陽の光を帽子にうけて、
軒をつたって巡る、
まことの鳥に飾られて。

静かな柱のならび、
おお 紡錘のオルケーストラ！
おのおのその沈黙を
協奏の楽に捧げる。

――等しく光を放つあなた方
高々と何を捧げる
――欠くことのない希望へと
私たちのたゆみない優美さを！

私達はときに歌う
天空を支えていることを
おお眼のために歌う
唯一つの賢い声よ！

見よ、何と純潔な歌か！
私たちの澄みきった要素は
何とよい響きを
明晰から抽き出すことか！

……………………

私たちは時のうちを進む、
私たちの輝くからだは
物語の中に跡をとめる

いうにいわれぬ足どりをもつ……

（一九五五年、森田慶一訳）

ヴァレリーが唱っているのは、言うまでもなく、古代ギリシャ神殿なのだが、私は、古代の日本の寺院を訪れる時にも、この詩が耳に響く思いがする。特に奈良西ノ京の唐招提寺金堂正面の崇高で、かつ、優雅な列柱（8-16）。唐招提寺は、屋根が通常の格式ある寺院の場合とは異なって重層しておらず単層で、かつ前面が吹き放ちとなっているので、列柱の力がとりわけ力強く表れている。木造であるにもかかわらず、ギリシャ建築と同じように、あるいはむしろそれ以上の力を持っていることに、私が圧倒されたのは、韓国の宗廟の列柱（8-17）だ。まさに、ヴァレリーの言う「静かな柱のならび」が「その沈黙を協奏の楽に捧げている」感動的な建築であった。建築家、白井晟一が、かつて、東洋のパルテノンと絶賛したのは、まことにもっともな

8-16

8-17

ことだ。

神殿のような宗教建築ではなく、町の通りをつくっている列柱廊（コロネード）も、いつも心を誘い、なごませてくれるものだ。共に並んで、心を合わせているものの与えてくれる力と言っていいだろう。バチカンの広場を囲むベルニーニのコロネードは見事なものだが、私にはスケールが大きすぎ、一方で逃げだしたくなる気になる時もある。むしろ、ボローニヤの町のポルティチ、あるいはロンドンのクレセントのコロネードに（8-18）、心を引かれる。木の柱が立ち並ぶだけの、サンタ・フェのプエブロ・インディアン風のコロネード（8-19）もいい。日がな一日、ここでぼんやり坐っていても、飽くことはないだろう。少年期を過ごした、雪国越後の町の通りに連なっていた雁木も心なごむものだったが、しかしそれらは、悲しいことに、今ではほとんど全て失われてしまった。

8-19

8-18

私の作品8

トラピスチヌ修道院・旅人の聖堂
（北海道、2001年）

◉第九章　囲む壁

1　壁は遮る

「壁にぶつかった」と言う。「壁を乗り越えろ」とかけ声をかける。こう言う時、壁とは、障害、困難といった否定的な、良くない意味で用いられている。「ベルリンの壁」、「人種の壁」と言う時も、不当な分断、差別を指している。とりわけ、今日、「壁を取り除け」というスローガンはひんぱんに用いられ、壁とは悪、壁とは不当な差別という意味が定着しかかった感もある。

　ところが、壁は本来悪いものであるどころか私達の生きる上で、必要不可欠な大切なものだ。悪者呼ばわりばかりでは壁に申し訳ない。壁は、空間を内と外に区切るための重要な空間要素だ。空間を自分のまわりに確立せずして、人は生きられず、社会も成り立たない。私達は壁によって守られ、壁によって自分をつくり上げ、他とつながって生きていける。このことは、すでに第二章で述べた。

敵の攻撃から身を護るためにも、不安から心を守るためにも、人は自分のまわりに壁を構築する。守られ、安全と安定があるからこそ、人は、外とつながることができる。

原始・古代、人がまだむき出しの荒々しい自然、敵対する他の部族に囲まれていた時、壁は、誰もが必死に願い求め、築き守らねばならないものだった（9－1）。

旧約の詩編の中でダビデは歌う。

（神よ）砦の岩、城壁となってお救いください。
あなたは私の大岩、私の砦。

（詩編31・3－4）

9-1

しかし、神に従うことを拒んだユダヤの民がカルデア人によって滅ぼされ、バビロンに連れ去られる時のことは次のように記される。

エレサレムの城壁（9－2）は崩され
生き残った者は捕えられ
バビロンに連れ去られた
（歴代誌・下36・19－20）

攻撃と防御がふたつにはっきり分かれて向かいあっている時、攻撃側にとっては壁はじゃまものだし、防御側にとっては、たよりだ。サッカーの試合で、フリーキックが与えられた時のゴール前の選手の壁がそれだ。ゴールを守る側にとっては、たよりどころだし、攻める側にとっては、じゃまものだ。しかし建築の場合はそういう単純明快な場合だけではなくもっと複雑で、様々な意味が重なっている。

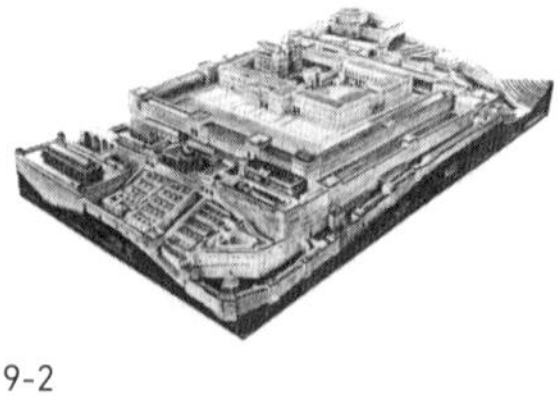

9-2

まず第一に、壁は外の敵と戦うために必要なだけではない。内なる平和、すなわち共同体の一致、協調をつくり出すために必要なものなのだ。戦争は、史書に記されて強調されがちだが、実際には平和の時の方が長い。その時に、共同体が共有している秩序を確かめ保つものが囲いであり、壁なのである。「門の内には法＝秩序があり、外には無法＝暴力がある」ことは、すでに第五章で述べたとおりである。実際に、今に残る中世の都市の城壁を訪れてみるとそのことが実感できよう。イタリヤの丘の町、ルッカ（9-3）でも良い。あるいはアドリア海に面したドブロブニクでも良い。それらの町を囲む城壁の上は、美しくのどかな遊歩道で、一方に密集した建築群、他方に広々とした田園、あるいは光る海を望み、都市とはひとつの空間、ひとつの秩序の共同体であることを目に見せてくれる。

我が国において、都市を囲む城壁が築かれることのなかったことは、周知のことである。平城京・平安京等の古代の都市が、

9-3

矩形の輪郭、格子状の街路割りという、他の文化の古代都市と共通の形状を示していても、まず城壁を築いた他の都市とは異なり、確固とした城壁の造られることはなかった。異民族との攻防の絶えなかった地域と、同一民族がおおらかに暮らしていた島国との違いが、その根底にあるだろう。

ところが、自分を包み定着する囲いなしに人間は自分を確定することはできない。この空間成立の基本は、すでに第二章「空間は私を包む」で述べたところである。人は自分の周りにいくつもの囲いを持っている。個人の身体に一番近い囲いは部屋である。では、その次の囲いはどこに来るか。順番に整理して述べるのは難しいが、城壁の無い日本の都市においては、住居の周りを壁で囲う傾向があることははっきり指摘できる(9-4)。すでに、平城・平安の都においても、邸宅はぐるりと塀で囲まれていて、住居はその内の庭園に包まれて開放的につくられていた。そのことは、千数百年経て江戸の武家屋敷にいたっても、

9-4

基本的に変わっていない。いやそれに終らず、明治の邸宅から今日の高級住宅街の構えにまで続いている。一言で言えば、都市を囲わず、自邸を囲ったのが日本の文化なのである。明治の日本にやってきたエドワード・モースが、「日本の住居はまことに閉鎖的で、通りを歩いていても住まいの気配が感じられない」と書いているのは、そのことである。

築地塀や黒板塀が長々と続く通りの風景は、今や時代劇で知るのみで、身辺からは消えてしまったが、あの塀は、ヨーロッパの城壁とは異なり、泥棒であれ忍びの者であれ乗り越えるに大した困難はなかったようで、まさに一族、それはひとつの家族の場合もあれば、大名一家、一族郎党、足軽・女中も含めた数百人の集団の場合もあったのだが、その一族をひとつに固める心理的な壁だったといっていいだろう（9-5）。

9-5

2　導く壁

　壁に沿って歩くのは楽しい。モースは淋しいと思ったかもしれないが、お寺の塀が続く京都や東京・谷中の静かな通りを歩くと心が鎮まる。このように壁は、単に行く手を遮るだけのものではなく、人がそれに沿って歩くものでもある。すなわち、人を誘い、導くものでもある。ここもまた、壁を観察し、あるいは実際に設計して、まことに興味つきないところだ。今でも残っている古い落ち着いた町、特にヨーロッパの中世の町を歩く面白さはそこにある（9－6）。地図やガイド等に頼っていてはこの面白さは得られない。壁に沿って、導かれるままに歩けば、必ず、教会や市役所の広場に出る。

　壁が人を導く力を持つこと、更には人を動かす力を持つことを、はっきりと自覚し、それを建築と都市の設計に活用したのが、バロックの建築家達だと言っていいだろう。その嚆矢とな

9-6

るのはボロミーニのサン・カルロ・アッレ・クワトロ・フォンターネ聖堂である。十五世紀のルネサンス期における古典ローマ様式の復活に続く、十六世紀マニエリスム期の応用・展開期を経て、ボロミーニは、古典的な二層のオーダーを持つ聖堂の正面壁を凹凸凹と波のように揺れ動く曲面に変形し（9－7）、その内部空間（9－8）をまた波のように凹凸を繰り返す楕円形の壁面で包んだ。この建物は、名前のとおり、十字路の交叉点に面する小さなものである。しかしその空間の揺れ動くような力の大きさは、誰の目にも明らかだった。動かない建物が、あたかも自ら動いているかに見える。というよりは、道の空間をゆり動かし、人を中に吸い込み、そしてその内部でさらに強く人をゆさぶる。競い立ったもうひとりの建築家、ベルニーニは、ほど近く建つサン・アンドレア・アル・キリナーレ聖堂で、道行く人を抱き入れるような楕円曲面の広場と聖堂をつくり、続いてはバチカンの広場を囲む壮大な楕円形の柱廊をつくり上げ

9-8

9-7

た。このバロックの力強く、ゆれ動くような空間造形の方法は、続くフランス、イギリスにおいて更に広く大きく展開し、人々を包む大小の楽しい広場や、活発な動きを誘う通りや道の空間をつくり出したのである（9-9）。今日のヨーロッパの都市の美しさは、基本的には、中世の都市の上に、バロックの都市が重なった複合の美しさと言える。

壁は空間を包み込む。すると逆に空間は壁を押し返す。壁と空間とは、そのように向い合って力競べをしている。うねる壁は、その目にみえない対決を、目に見えるものとするのである。建築の曲面とは、空間を動かすというよりは、空間に動かされて出来上がったものと言った方がいいかもしれない。

そのことを、十七世紀のバロックの建築家達よりも早く気付いていた人達がいた。東方ビザンチンの建築家達である。今日のイスタンブールに残るハギア・ソフィア大寺院の巨大な空間でもいいし、アテネに残るオシオス・ルーカス修道院のひそや

9-9

かな聖堂（9―10）でもいい。それらの建築の内部空間は、力に満ちて、重い石の壁を外に押し出し、膨れ上がらせている。更に力余って壁に続く巨大な円蓋を上に押し上げ、膨張させている。

十九世紀の末に仕事をしたアメリカのヘンリー・ホブスン・リチャードソンの偉大さは、空間と壁との永遠の闘争に気がついたところにある。十九世紀折衷様式の時代、ギリシャ復興様式、ゴシック復興様式、ロマネスク復興様式と激しい変転の流れの中で、リチャードソンの作品をひときわ際立たせているのは、この内を外に押し出し、あるいは外を内に吸いこむ空間（9―11）の力を新たにつくり出したことにある。

揺れ動く壁や屋根のかたちを見ることは楽しい。しかし、楽しいあまり、軽薄な遊びに堕ちていく誘惑も大きい。バロック後期、ロココの建築家達は空間と対決する、という建築の本質を忘れ、ロカイユ装飾の遊びに溺れて消えていった（9―12）。

9-12

9-11

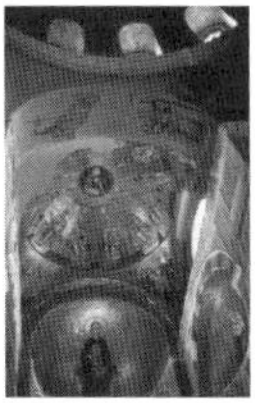
9-10

モダニズムの抽象主義から逃れんとして、あるいは商業主義の求める刺激を強めんとして、徒に曲面を多用する今日のひとつの動きに、同じ陥穽なきことを願う。

3　壁は常に少なくとも二枚重なっている

内に向かう壁の面と、外に向かう壁の面は、基本的にその意味、働きが異なる。攻撃と防御の場合を考えるとわかり易い。たとえそれが一枚の石の壁だったとしても、攻撃に対抗するための外側のつくりと、内部を守るための内側のつくりは違ってくる。生活の様々な空間をつくり出すための壁の機能は、戦争の場合等より、もっと複雑だから、壁の外面と内面のつくり方、仕上げ方はもっと多様なものとなっている。このことを、アメリカの建築家・理論家のロバート・ヴェンチューリは、「建築において、壁は、常に、少なくとも、二枚重なっている」という言葉で説明した（9-13）。ヴェンチューリは、近代建築の「薄い抽象的な壁」が、建築空間の多様性、複合性を捉えていないことを言いたかったのだが、彼がそれを論証するためにとり上げた、様々の歴史的実例は、この壁の持つ多様なかたちを良く示すものとなった。ペンシルバニア大学の、まだ若く無名の助教授だった彼から、その講義を受けた時の知的興奮は未だに忘れられない。

同じ一枚の壁でも、内にいる時の私を直接包む壁は、私に親しい存在だ。それを私は愛しみ、ていねいに仕上げるだろう。それに対して、外面は、敵と言わずとも風雨に対して、より力強く簡素に仕上げるだろう。日常的な経験において、誰しもそのことは感じていることなのだが、設計の過程において、紙の上にまず壁を一本の線として描き表す建築家においては、時に忘れられがちなのである。しかし、壁の線は常に、少なくとも二本の線であり、その二つの線の間は、間隙のまま保たれるべ

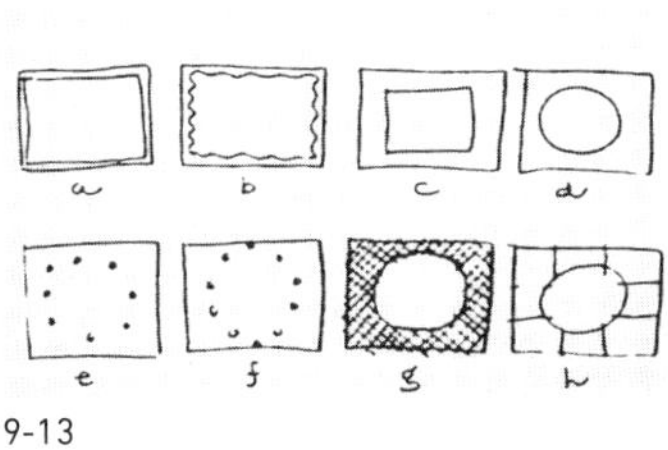

9-13

きものなのかあるいは塗りつぶされるべきものなのか、はっきりと認識しておくことは、とても大切なことなのだ。

煉瓦造りの壁は、間隙をあけて、二重に積むのが正しいやり方である。その隙間のことを「キャビティ」と呼ぶが、虫歯の穴と同じ語である。このことは、アメリカで習って始めて知った。日本の大学では、煉瓦造りは、水や湿気が入り、地震に弱く日本の風土に合わない、と教わったが、それはまったくの間違いだったのである。正しく二重に積めば、防水・防湿さらには耐震・耐熱性も良く、今日風に言えば、まさにエコロジカルな構造材料なのである。

フランスにいた時、たまたまルーブル宮のプチ・トリアノン（9－14）、あのル・コルビュジエも賛辞を惜しまなかったフランス古典主義の傑作の修理工事の現場を見る機会があったが、美しく仕上げられた石壁の内面は、乱雑極まりない粗雑な面で、その内側に、充分間隙をとった上で、輝くように艶やかな木の

9-14

壁が、まるでもうひとつの建物であるかのようにはめ込まれている（9－15）のを見て、驚きまた感心もした。なるほど欧米では、インテリア・デザイナーが、自立した職能として存在するわけだ、と納得させられた。

厚い石壁の建物においては、この壁の間の空間が、階段になったり、部屋になったりする。厚い壁が、内側から様々に掘り込まれて部屋になっていると言ってもいい（9－16）。ヴェンチューリは、授業で沢山そういう例を見せてくれたが、カーンも、スコットランドのお城のそのような壁の中の部屋を見て、設計中だったユダヤ教会や、ブリンモア・カレッジの学生寮のヒントを得たと語ってくれたこともあった。ヨーロッパでも北を離れて南に下れば、強い日射しを遮るために、木製のルーバーやブラインド、あるいはひさしやバルコニイを、組積造りの壁の外側に取り付ける様々な工夫が見られるようになる。それらも全て、重層する壁の例なのである（9－17）。

9-15

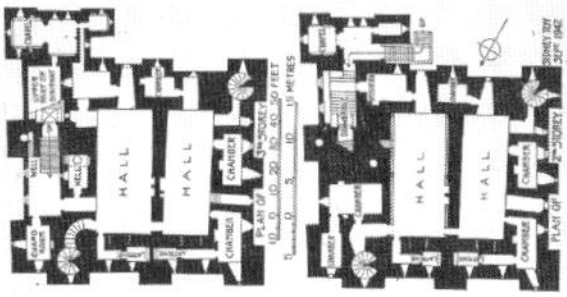

9-16

9-17

そういう見方が出来るようになって日本に帰ってくると、まさに日本の伝統的な建築は、幾重にも重なって空間を包む壁の興味尽きない実例であることに気がつく。障子の外に格子や雨戸がつき、その外に縁側がつき、更にその外に軒が出る。それぞれに幾つものかたちがあり、大きさの違いがあり、従ってその全体の組み合わせといったら限りがない。それを見ているだけで興味は尽きないが、それを自分で工夫し始めたら面白くてやめられないことになる。

信州の山中に建てた、私自身のための山荘では、ガラスは全てはめ殺し、従っていわば透明な壁。ではどこが開くかといえば、板の壁のある部分が三段構えで様々に開閉する。上段は突き出しでひさしになる。中段は、前に倒れて窓台になり、下段は開き戸で足下に風が入ってくる。内側には上下二段の引き違いの障子が重なる。これが様々の組み合わせで動いて、良い季節には大きく開き、寒い冬には閉じて壁になる（9-18・19）。

9-19

9-18

このように、壁の窓とは、見て面白いものだが、それだけでなく、使って楽しいものとなるべきものなのである。

私の作品9

トラピスチヌ修道院・旅人の聖堂
（北海道、2001年）

◉第十章

空間をつくる光

1　光に包まれる喜び、光を作る楽しさ

良い部屋には、必ず良き日の光がある。その光は、どのような光か、華やかに輝くような光か、静かに満ちる光か、それとも闇に浮かぶかすかな光か。澄み切った東からの光か、はずむような南の光か、燃え立つような西からの光か、それとも柔らかい北の光か。またその光は、どのように空間に差しているだろうか。上から注がれているか、それとも横から流れこんでいるか。あるいは下からにじむように入りこんでいるか。そのような光によって、生きた空間がつくられる。そのような空間に包まれる喜びを知らない人はいないだろう。

あなたの建物は、太陽のどのような一片を持っていますか。
あなたの部屋に訪れるのは、どのような光ですか
（What a slice of the sun does your building has.
What light enter your room.）

ルイス・カーンの愛した、アメリカの詩人ウォレス・スティーブンスの詩である。

あなたの部屋は、どのような光を持っていますか。あなたの忘れられない光はどのようなものですか。日なたぼっこの縁側の暖かい冬の日射しでしょうか、けだるい午睡の奥座敷から、遠くに輝くように光っていた夏の庭の光でしょうか。試みに私自身の記憶をたどってみても、厚い煉瓦の壁の高窓から射してほどなく消えていった赤い満州の夕日、一転して新潟の祖父の朝のお勤めの仏間に澄み渡るように射していた朝の光、と始め

だしたらきりがない。誰にとってもそうだろう。私達の生きてきた数々の部屋、通り過ぎてきた無数の空間は、すべて、それぞれの光に満たされていたはずだからだ。

建築をつくるとは、そのような光をつくる手だすけをするということなのだ。私達の生きる空間を、光によって造形するということなのだ。建築をつくるとは、柱を立て、壁を築き、屋根を組み上げることであることとは、これまでの各章で述べてきたとおりだ。ではその柱や、壁や、屋根をつくるのは、何のためにか？　それは、光を造形するために、なのである。

構造体は光を与え、光は空間をつくる

(Structure gives Light, makes Space)（10－1）

という、建築家、ルイス・カーンの言葉は、そのことを学生に語った時のものだ。建築という創作行為の根本を語って見せ

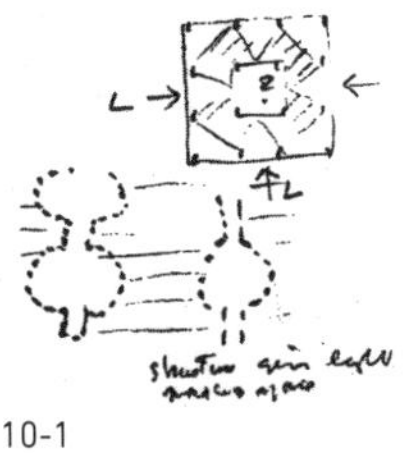

10-1

た、素晴らしい言葉だ。

建築は、空間による芸術であり、空間をつくる技術である。美術の教科書のはじめには、平面の芸術である絵画、立体の芸術である彫刻に対して、建築は空間の芸術であると書かれているのが常である。ところがその空間に、建築家は直接手でさわることはできない。彫刻家が石や木を刻むように、建築家が空間を直接刻むことはできないのである。学び始めの建築学生は、そこで悩む。では、手で直接いじれない空間を、どうすれば造形できるのか。やがて、わかるようになる。それは光によって、である。光の濃淡、陰影、射し込む光の位置と強弱、そして反射や透過を、自分の思うようなものとするために、壁や柱や屋根を造形することが建築の設計なのだ。建築の学生は、光と影を描くことによって、空間を描くことを学んでいくのである(10－2)。

このことを理解した時、建築学生の目は開き、手が動き始め

10-2

る。そして、歴史で学ぶ、過去の数々の作品も、新たな姿で見えてくるようになる。私にとっては、それは東京大学を離れて、ペンシルバニア大学に移った二十五歳の秋に起こった。そしてそれから三年後、安い貨物船に乗って大西洋を渡った。ゴシックの光、ギリシャの光を見たい一心であった。

2　空間を満たす光、空間に射す光

一九六〇年代の半ば、まだ海外渡航は自由化されていない時だった。日本に帰ったら、また出てくることは難しい、アメリカにいる間にヨーロッパも見られるだけ見ようという気持ちだった。ゴシックの空間だけは、実際に訪れて全身で感じるべきだ、それしかない、と教授達や友人達から繰り返し言われて来た。前の晩は良く眠り、早朝起きて朝日と共に入口をくぐるのだ、とも聞かされた。その通りだった。パリのノートルダム大聖堂は、東側祭室上部の高窓から一斉に、朝の光が流れこみ始めている時だった。赤や青や緑を混じたその黄金色の光は、たちまちにして堂内を満たした。そしてその巨大な垂直の空間は、光の量塊となった(10–3)。

私は、自分が光のまっただ中にいることを感じた。光を見ているのではない、ましてや絵や図像を眺めているというのでは全くない、まさに光に全身を包まれていたのであった。朝の堂内は、早朝のミサの終った後で静かであった。不思議な程静かであった。しかしその静けさの中に、私は声なき朗詠の声、音なき音楽の響きを聞き、そしてこの建設にたずさわった無数の人々、献堂以来六百年の間にここで祈った数知れない人々と共にあって、この光に包まれていることを感じたのであった。

ゴシック様式の構造的工夫、意匠的洗練という観点からすれば、パリのノートルダムは完成前の未熟さが残っている。パリを囲んでほど遠くない三つの町の大聖堂、シャルトル、アミア

10-3

ン、ランスを訪れるなら、いずれ甲乙つけ難い、フランス・ゴシックの完成した光の空間を見ることができる。そして、大聖堂のように大きい建築ではないから、飛び梁というゴシックの構造的特色を見ることはできないが、光の量塊というゴシックの最高の達成を見たいなら、ノートルダムから程近いサント・シャペル（10－4）に行くべきであろう。

「交叉リブ・ヴォールト」、「飛び梁（フライング・バットレス）」といった高度な構造技術が完成され、彫刻、ステンド・グラスといった多様な美術を総合したゴシックという壮大な様式が、十二世紀末からの半世紀ほどの短い期間に一気に完成したことは、まことに驚くべきことである。しかし、それに達するには、ゆっくりと長い準備期間と、ひとつの明白な理想があった。その理想とは、キリスト教建築が、誕生した時よりあったものである。それは聖書の中で、繰り返し示されているキリストの光である。「光あれ」という創世記第一章の言葉を始めとして、

10-4

「起きよ、光を放て（イザヤ書60・1）」、「わたしは世の光である（ヨハネ8・12）」等々、数多くの光の聖句に示され、終りにヨハネの黙示録が天上のエルサレムを「光の都」と語った世界を、この世の空間として実現したい、という目標であった。十五世紀ルネサンスのイタリアで、光の理想を独自に追い求めたドメニコ会修道士、フラ・アンジェリコが、絵画において目指したものと全く同じといっていいだろう（10-5）。

初期キリスト教や続くビザンチンの建築が用いたそのための方法は、聖堂の内壁をモザイクやフレスコで仕上げることであった。光の乏しい、薄暗い室内が、光を反射しあう内壁の仕上げによって、優しく静かな光の空間と化す。ラヴェンナのガラ・プラキディア廟、やサン・ヴィターレ聖堂、あるいは、ヴェネチアのサン・マルコ大聖堂（10-6）はその良き例である。厚い壁で包まれたロマネスクの聖堂は、その厚い壁に開かれた開口部の工夫によって、射しこむ光が、豊かに室内に満ち渡る工

10-5

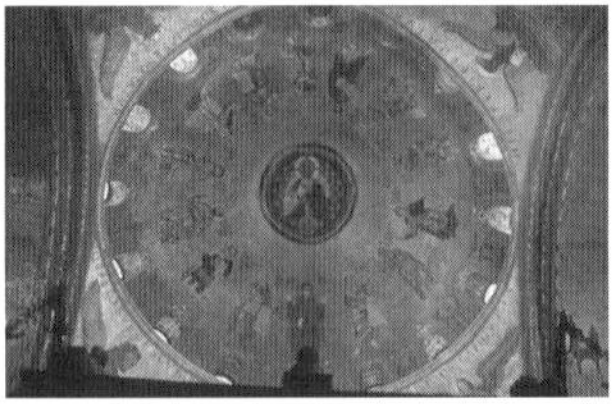

10-6

夫をした。それはすでに第六章で述べたところである。

　古代ギリシャの神殿は、明るい地中海地方の陽光の中にあって、中世キリスト教建築と対比的な光の理想を示す。大理石の柱の量塊に明るい光があたり、床や影にくっきりとした影を落す。この光と影の鮮やかな対比が、刻まれた石のかたちを浮かび上がらせ、光と影の交錯する中に空間が生まれてくる。石柱のフルーティング（溝彫り）や、柱頭（キャピタル）、横梁（エンタブラチュア）等に彫られた様々の細部の装飾もすべてこの光と影の対比の効果によって浮き上がる（10-7・8）。そしてまたゆっくりとていねいに目を凝らせば、直接光の当たらない陰影の中に置かれた様々な細部の造形も、反射してきた光を適確に受けとって、自身を際立たせていることがわかる。

　古代様式を復興させた十五世紀ルネサンスの建築以降で、内部空間をつくり出す光の、新しい用い方を切り開いたのは、バロックの建築家達であった。バロックの語源が「歪んだ真珠」

10-8

10-7

を意味することからもわかるように、バロックの建築家達は、ルネサンスの正統なかたちを歪め、うねりくねらせ波打たせると、空間に運動が生じることに気がついた。そしてその空間の運動の面白さを追い求める中で、光が、内部の暗闇の中に、上方から突然降り注ぐ時に生まれる劇的な効果に気づいたのであった。それはバロックの画家達の関心と歩みを一にしている。ベルニーニ設計のサン・アンドレアの小祭壇（10-9）の直接は目に見えない上部の高窓から、光は降り注ぎ、その光の滝の中を、刻まれた天使、聖人達の群れが舞い登っていく。バロック絵画の先駆け、ヴェネチア派のティントレットの絵に共通する。スペイン・ゴシックの代表作であるトレドの大聖堂の祭室の奥の暗闇の中に、バロックの時代に付加された光の筒、トランスパレンテは、彫刻はこの降り注ぐ光の奔流を際立たせるという効果のためにあるバロックの理念の代表と言っていいだろう。

　日本の伝統的な空間における光は、まさにこの上方から激し

10-9

く落ちるバロックの光の対極にあって、下方から、静かに這い上ってくるかのように見える。深く出た軒がまず外光をさえぎって、室内に深い陰をつくる。その陰影は部屋の奥へ行く程濃い。その陰影の中に、前庭の地面や水面、時には縁先に射している日光が、まず天井に反射し、もう一度そこから反射して、淡くやさしく室内に滲みてくる。その淡い光は、さらに反射を繰り返して、座敷の最奥に至るのである（10－10・11）。

こうした美を、谷崎潤一郎は『陰翳礼讃』の中で、次のように記している。

「諸君はまたそう云う大きな建物の、奥の奥の部屋へ行くと、もう全く外の光りが届かなくなった暗がりの中にある金襖や金屏風が、幾間を隔てた遠い遠い庭の明りの穂先を捉えて、ぼうっと夢のように照り返しているのを見たことはないか。その照り返しは、夕暮れの地平線のように、あたりの闇へ実に弱々しい金色の明りを投げているのであるが、私は黄金と云うものがあ

10-10

10-11

れほど沈痛な美しさを見せる時はないと思う」

3　建築家は、光についてどう考えてきたか

空間が光によってつくられるものである以上、建築の設計に自覚的であった建築家で、光に対して無自覚であった人はいない。

二十世紀に始まるモダニズムの建築に、強い影響を与えたフランスの建築家、ル・コルビュジエは次のように建築を定義した。一九二三年に書かれた『建築をめざして』の中の良く知られた一節である。

「建築とは、光の下に集められたヴォリュームの、知的で、正確で、そして壮大な構成である。私たちの目は光の下で形を見るようにできている。明暗が形を浮かびあがらせる。立方体、円錐、球、円筒あるいは角錐といった偉大な初源的な形を、光

はくっきりと浮かびあがらせる」

　建築を光と影の対比として造形する古代ギリシャの建築を理想としたコルビュジエの姿勢がここに示されている。白い直方体を細い円柱で地上より浮かせて持ち上げ、その上に幾何学的立体を組み合わせて置いたサヴォア邸（一九三一年パリ郊外）の構成はコルビュジエのこの理念の実現の例だ（10－12）。

　それに対して、アメリカのフランク・ロイド・ライトは、次のように言っている。

「影は、古くさい建築家の筆のあそびだ。現代の建築家は、今や、光によって造形せよ。拡張する光、反射する光、屈折する光……。それは光自身のための光だ。影は余分だ」

　ここには、建築を光と影の造形として考えるのではなく、光そのもののかたまり、すなわち光で満たされた量塊、として空間を作り出したいという理念が示されている。ライトは、ル・コルビュジエとは反対に古代ギリシャ建築は中身のない形式だ

10-12

と否定し、ゴシックこそ単なるかたちの遊びではなく空間として建築をつくり出した様式として敬愛していた。彼の初期の代表作シカゴ・オークパークのユニテリアン教会(一九〇六年)(10–13)の、ステンド・グラスを通して上方から降り注ぐ光に満たされた空間あるいは、後期の傑作エルキンスパークのシナゴーグの半透明の皮膜に包まれた空間は、そうした理想の実現である。

現代建築のひとつの典型となった鉄とガラスの高層建築の最初の原型をつくり出したのはミース・ファン・デル・ローエである。彼がまだドイツにあった時つくった粗い木炭で描いたドローイング(10–14)は、光り輝き、あるいは映りあう建築のイメージを鮮烈に示した素晴らしいものだが、それについて彼は次のように文を残している。

「実際にガラスを用いて模型をつくりながら、私は次のことに気づいた。大切なことは、反射光の扱いということで、これま

10-14

10-13

での建築のような、光と影の効果ではないことを」

ミースは、内部空間において、充分に光で満たされた空間を実現したとは言い難い。彼の建築は結局、美しい表皮に終わった。しかしミースの簡素で古典的な建築とガラスの扱い方を尊敬し、更に独自な方向に発展させたイタリヤのアンジェロ・マンジャロッティは、ミラノの郊外バランザーテに珠玉のようなガラスの教会をつくり出した。四本のギリシャ神殿を思わせるような半透明の柱のつくり出す直方体の外郭を、グラスウールをはさんだ半透明のガラス板の壁がぴっちりと囲んでいる。外光は、外に向かってにぶく反射し、内に向かっては黄金色に変わってにじみ込み、その光に満たされた空間は、まさに金色の光のかたまりだ。その空間に入る人は、持ち上げられた基壇の下に一旦入り、そこから再び上って、その光のかたまりの中に、頭から飛び込むことになる。いや、むしろ、突然、光のかたまりの中にいる自分を発見する、といった方がいいかもしれぬ。

あの、サント・シャペルに共通する劇的な導入の工夫と同じである。形態は古典的であり、空間としてはゴシック的と言ってもいいような、独創的な空間がまるで奇跡のように、ここに出現している（10-15・16）。その光の中で、じっと動かず、静かに祈り続けていた老女の姿は未だに私の心の中に残っている。

10-15

10-16

私の作品10

聖学院大学礼拝堂

（埼玉県、2004年）

◉第十一章　自然と人工

1　自然は美しい、では人工は醜いか

自然は美しい。木も草も美しい。蝶も鳥も美しい。一方、人のつくったものは、醜い。常に、とは言わないが、今日の日本の町の姿のように、ほとんど醜いものばかりだ。切り崩された丘、埋め立てられた水辺、全て醜悪だ。心がすさむ。

それに対して自然の景色は、何と心なぐさめられる安らかなものなのか。それはどうしてか。人間がそのように美しくつくるためには、どうすればいいのか。と改めて考えることにすると、問題はまことに難しいものであることがすぐわかる。この章では、そのことを考えてみたいが、これまでも言ってきたよ

うに、学説をあれこれ引用するのではなく、自分の問題として、できるだけ経験にもとづきながら考えることにしよう。

自然は美しい、といっても、どのような時に、何を美しいと思うのか、その判断にはいろいろあって一律でないことにすぐ思い当たる。たとえば、道に散り敷く秋の落葉。私は美しいと思い、全部散り終って冬が来るまでそのままにして置きたい、そうすれば殺風景な町の通りもどんなにか華やかで楽しくなるだろうと考えるのだが、そう思う人は日本では少ない。いやほとんどいない。思っている人もそうできない。周囲の人から白い目で見られるからだ。それらの人々は、落葉はゴミでありチリと思っているのだ。木を切るな、森や林を保存しろ、と叫ぶ人も沢山いる。しかしその中の多くは、ほとんど森に入ったこともなく、木の手入れをしたことのない人達だというちゃんとした調査もある。

自然は美しい、といっても、時に恐ろしく不気味なものでもある。太古の自然がそのまま手つかずで残されているロッキー山脈の森に、単身入りこむ体力も、気力も今の私にはない。一方人手がなく放置され、荒れ放題の里山に調査で入ったことがあるが、あんなに不気味で恐ろしい風景も滅多にない。自然と人間がいがみあってる醜悪さだ、等々いろいろあるが、今日都会から簡単に遊びに行く自然とは違って、むき出しの生身で自然に対していた太古の人々は、そう簡単に、自然は美しいなどと甘いこと言うな、と言うに違いない。

こうここまで考えてくると、問題は自然の社会的意味、歴史的意味の領域に入ってくるので、一応ここで置いておいて、出発点に帰ろう。自然は美しい、と言うのではなく、「美しい自然がある、人間はそれを美しいと思う」、ここから出発しよう。美しいと感じる力、すなわち感性、とは誰でも皆持っている能力だ。美は誰でも感じる。美しい女性を美しいと思う。そこまではいい。難しいのはそこからだ。では美しいとは何なのか。

ある女性が美しく、他がそれ程美しくないのはなぜなのか。「なぜ」などと言うからいけない、美しいものは美しい、でいいのだという態度もある。しかし、「なぜ」と問わねばならないのも人間の本性なのだ。なぜ、「なぜ」と人は問うのか。哲学者なら、それは人間に理性が与えられているからだ、と言ってどんどん難しい先の議論に入っていくだろうが、私はその態度はとらない。なぜなら、私は、つくる人間のひとりだからだ。つくる人間は、哲学者とは別に「なぜ」と問う。それはつくりたいからだ。美しいものをつくる方法を見出したいからだ。前者を「哲学的問い」というなら、私の関心ある問いは「方法的問い」ということになろうか。美しいかたちとはどういうものなのか。それは、どういう特質を共通なものとして所有しているものなのか。それが、もしわかれば、それに従うことによって美しいものをつくることができるはずだ。

そのようにすでに二千五百年も前に考えた人々が、古代ギリシャの芸術家、哲学者達であった。美しい女性の理想、規範を求めて、彫刻家は大理石を刻んだ。ミロのヴィーナスの像。美しい。シラクサのヴィーナスのトルソ。田舎の中学校の絵画教室の壁に貼ってあった薄汚れた写真。私は、それに魅せられ、ほとんど恋をした。そのトルソは冷たく硬い石などではなく、優しく柔らかく温かい血の流れている肉体以上のものであった。

古代ギリシャ人が見出したひとつの原理（らしきもの）は、部分と全体の比例ということである。美しきかたちは、常に、それをつくり上げている部分相互、そして部分と全体に美しい比例があるということである。目と鼻、耳と口、手と足、それらが互いに良きバランスをとっており、更に身体全体、背の高さ、胴や腰の太さ等々と良きバランスを保っているという原理である。

そしてこの比例の考え方は、建築においても同じであって、柱の太さと高さ、建物全体の高さ、幅、奥行等全ての部分の比例を考えその規範を求めるに至ったのである。

人体という自然物から、建築という人工物に共通する比例の原理はどのように見出されるか。その原理は、整数比例にあった。一対一、一対二、二対三……といった単純な整数比例は美しい。彼等はそのことを更に広く考えて、音楽の和音をつくり出す弦楽器の弦の長さが、整数比例であることも見出した。それらの比例が目に見えるものとされている図形は美しい（11－1）。整数比例ではないが、幾何学的作図から単純に得られる黄金比も美しい。円、正方形、直角三角形、正三角形等は美しい。更にそのような比例によってつくられた立体も美しい。立方体、三角錐、四角錘……等々。プラトンはそれを整理して、一連の立体をつくり出した。プラトン立体のシリーズである（11－2）。抽象的な幾何学形のもつ美しさの造形表現の嚆矢といっていい。

再び、私自身の田舎中学の絵画教室にもどれば、その棚の片隅にも、これらの立体の石膏模型があった。それらも美しかっ

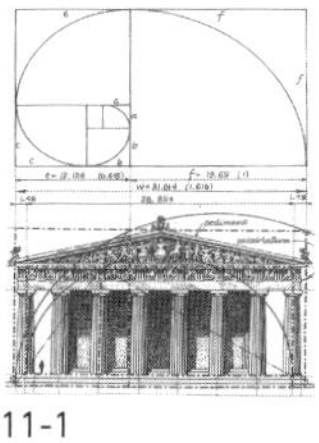
11-1

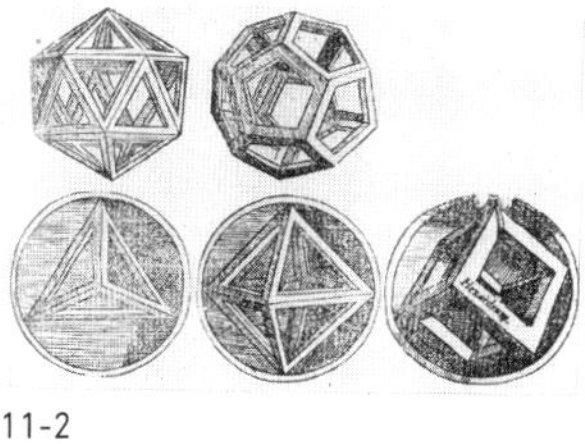
11-2

た。そしてそれらの光と影のデッサンに熱中した。要するに、その頃の私にとって美とは、生命形体と幾何形体の両端の間に、おぼろげにゆらいでいるものであった。

2　幾何学形は、自然か、不自然か

ギリシャ人の、美を理性で認識し得る原理とする態度は、続く古代ローマに引き継がれたが、そこでその原理はより一般的に用いやすい方法として実用化された。ウィトルウイウスは、紀元前後の頃に生きた建築家であるが、今日に残る最古の『建築書』を著した。この本で彼は、「美は、建物の寸法が正しいシュンメトリアの理法に従っている場合に得られる」ものであると言い、シュンメトリアとは、「建物の各部分と全体の間に一定の比例関係が成立つこと」（11-3）と定義し、「それは美しい人体の比例から得られる」としている。このように本来シュュ

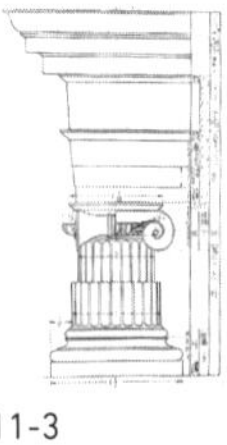

11-3

ンメトリアとは、今日のシンメトリーの語源だが、今日の左右対称という意味よりも、より広く基本的比例を指す言葉であった。

中世の建築においては、このような古代ギリシャの建築理念は失われ忘れられていた。といって、幾何学的方法が失われたわけではない。幾何学、すなわち図形を定規とコンパスで作図し、図形の性質を分析・理解する学はいかなる時、いかなる場所においても建築技術にとっては基本であって、中世の石工達は、高度な知識でそれを駆使していた。石工の工匠、ヴィラール・ド・オヌクールの画帖のスケッチ（11-4）を見ればよくわかる。しかし彼等の関心は、あくまで実際的な創作技法にあり、思弁的な哲学にはなかった。

中世ゴシックの大聖堂は、外から眺めると巨大な山塊のようであり、内に入れば、大きく枝を拡げた森の大樹に囲まれたかの如くである。上を見上げると、柱にそって垂直に立ち上がる

11-4

幾筋ものリブが、天井で交叉して、まさに四方に枝をひろげ重なりあった巨木を仰ぎ見るかの感がある。北ヨーロッパは深い森の国である。従って、ゴシック建築とは、樹木の形に倣って生み出された、という説明（11-5）がなされることもあるが、それはあまりにも表面的な文学的説明であろう。石工達は、石の一片から次の一片へと伝えられる巨大な力の流れに従ったにすぎない。といってもそれは長い時間と、苦しい命がけの試行の積み重ねの中から、生み出されたものである。重さを支える石の断面は、限界にまで細くきりつめられ、重力は飛び梁という空中高く飛ぶアーチの中を舞うように流れて地中に達する（11-6）。それは、まさに信じ難い曲芸のような技法なのであるが、全ての曲芸と同じく、それは自然の理にかなっているからこそ成功するのである。ゴシックを、より自然で合理的な様式だという見方はそこに成り立つ。

古代ギリシャ・ローマの比例理論、シュンメトリアの理念は、

11-5

11-6

十五世紀ルネサンスに復興された。美学・哲学という思想においても、建築手法という実際においても、古典的方法は力をとりもどし、十七世紀の新しい科学の方法から力を取り入れつつ、より広く深く展開され十八世紀新古典主義に至る。その理論の歴史を追うことは、ここではやらないことにしよう。しかし、今日でも、美術・建築の理論研究において、図形の比例分析の方法は生き残って盛んに行われている。たとえば絵画や彫刻の上、建築の正面図や平面図の上に様々な作図線を入れて、そこに単純な比例や幾何学形が隠されていることを説明するあのやり方である(11-7)。

ところでその比例分析によって、構成の調和が説明されているとしよう。それでは、それと同じ比例を用いて、一枚の絵を描き、あるいは建築正面をデザインしたら、全て、美しくなるか。それができたら万々歳だが、そうは問屋がおろさないことは誰でも知っている。あえて論証する必要もあるまい。要は、

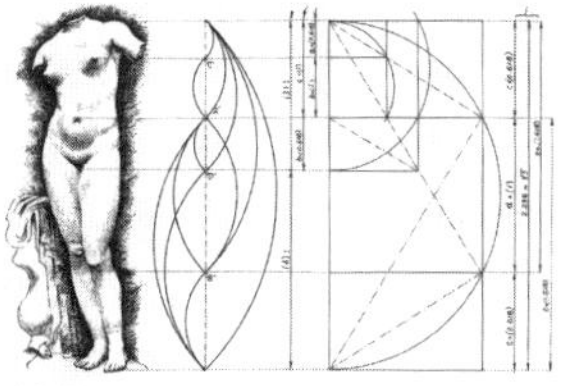

11-7

たとえ分析の役に立ったとしても、それがそのまま創作の方法とはならないということだ。ここがとても大切なところだ。しかしあえて論ずるまでもなく、作っている人は、そんなことには誰しも気付いているはずで、それは二千五百年前のギリシャ人だって同じだったに違いない。

そうした理屈とは別に、十八世紀ちょうどフランス革命の時代のヨーロッパに、極端な幾何学形の建築が出現してきた。それらは、様式的には古典様式を用いつつも、過激な形態、スケールを持つものだっただけに、時代の名前をとって、革命的古典主義と呼ばれることもある。ニコラ・ルドー（11−8）やエチエンヌ・ブレ（11−9）の作品がそうである。幾何学的な純粋形態、特に球や三角錐、円柱、円錐が盛んに提案されたが、それらはあまりにも極端で実際に建てられることはなく、ほとんど全て、紙上の提案に終った。

では彼等の意図はどこにあったのか。複雑華麗になって、建

11-9

11-8

築的力をほとんど喪失していたバロックの後期、特に洞窟や貝がらの内側のように、ひだをもってゆれ動くロカイエ文様を好んだロココ様式の退廃にいたたまれず、建築とは何かという問いをもう一度人々につきつけることにあった。その方法とは、プラトンと同じく建築を純粋立体に還元してみせることだったのである。あるいは、もう一度、初源のかたち、すなわち人間と自然が直接向かい合っていた状態に回帰しようとする。イエズス会の修道士であったロジエもそのように考えたひとりで、複雑で華美に堕したバロック、ロココを捨てて「初源の小屋」に帰ることを主張した(11-10)。

3 自然に従うことは自然か

何が人間にとって正しく自然なのであろう。ここまでちょっと考えてきただけでもくたびれる。生活をかけて、考えていた

11-10

人はもっとくたびれたに違いない。いろいろ難しく考えるからいけない。自然にやればいいんだ。風流に生きればいいんだ、「無為自然」こそ生きる道だと老子荘子ならずとも言いたくなる時は誰にもある。といって、それに本当に徹することなど、簡単に出来ることではない。都会が飽きたからといって田舎に移った人が、数ヶ月でまた逃げ帰ってくるようなことになる。積極的に、自分の力を尽して自然に生きるなどという生き方はあるのか。またまた、大問題に入りこんでしまった。

思弁的な言葉による思想から入るのではなく、具体的なかたちの特色から見てみるならば、純粋な幾何学形のように原理の明らかなかたちがあれば、一方それに対して不定形の生命体のようなかたちがあることがわかってくる。前者の代表をプラトン立体とすれば、後者の代表が（中学生の私にとっては）ヴィーナスのトルソだったわけだ。方法的に言うなら、前者が計算から合理的に導くことを目指すものと言うなら、後者は生命の力、意識の動きに身をまかせる姿勢ということになる。従ってその形は、直線よりは曲線を、分節され組み立てられたものではなく、うねりくねりつつ連続するものとなる。

ドイツのドルナッハにあるゲーテアヌム（一九二八年）（11-11）の大地から立ち上がる重いコンクリートの壁が波うつようにうねり、ねじれながら胎内のような洞穴のような室内を包みこんでいる。設計者であるルドルフ・シュタイナーは建築家にして思想家であり、十七世紀デカルト以来の合理主義思想に反対して、汎知学的ヘルメス思想にもとづく自然論を唱えたゲーテに共鳴した人である。これは、一九一〇年代のドイツに始まる表現主義の流れの中で生まれた、素晴らしい作品である。ドイツ表現主義の先駆けのひとり、ハンス・シャルーンは第一次大戦敗戦後の暗いドイツで、不思議な花のような、内臓のような計画案（11-12）を水彩で描いた。もちろんこれを実現するものと彼は考えていたわけではないが、半世紀後、それはベルリン・

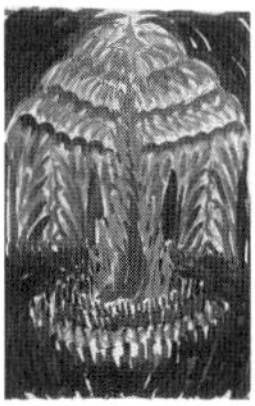
11-12

11-11

コンサートホールの、ゆれ動く屋根、波打つ壁の中で、幾重にも客席の重なりあう、生命体のような空間として実現した（11-13）。

このような生命体的な、あるいは有機体的なかたちの流れは、改めてみてみると広く歴史の中で繰り返されているものであることに気付く。表現主義のすぐ前、十九世紀の末には、「アール・ヌーヴォー」の曲線の大流行があった。その流れに、カタロニアの地方的な様式の伝統が重なって生まれたのが、ガウディのバルセロナのサグラダ・ファミリア大聖堂やカサ・ミラ（11-14）の波打つような建築で、建築史を全く知らない人にも不思議に人気があるのは、この建築に、人を包み囲う強い生命的な力があるからであろう。

アメリカのルイス・サリヴァンも、このアール・ヌーヴォーの流れを受けながら、独自の有機体的な装飾理論をつくり出した人だ。それは、不運な晩年の一九二二年に一冊の小冊子にま

11-13

11-14

とめられたが、双葉の開きつつある小さな胚芽から、多様な形態が生まれていくシステムを示そうとしたものである（11-15・16）。すなわち有機的建築、生命体的生成の原理を示したものであって、フランク・ロイド・ライトの「有機的建築（Organic Architecture）」の思想は、これを土台として生み出された。

有機主義は、ひとつの客観的方法になろうとしても、なり得ない困難の中に常にある。それは、単なる操作主義、科学的客観主義に決して満足しない。それ故に常に、かたちの生まれるいのちの根本、その未知の、いやむしろ不可知というべき世界にまで深く入りこもうとする。形が生まれる以前にまで到達することを求めて、完成よりは未完成を、定形よりは不定形をあえて求めようとするのである。その姿は生還が保障されない冒険に挑む探検家に似て英雄的でもある。従って、表現主義や有機主義の創作姿勢は、真剣に人生や社会の問題に取り組む人々、たとえば宗教者や社会運動家の共感を呼ぶことも多いが、創作

11-16

11-15

の具体的方法として、内面の世界を客観的な具体的作品の世界にまで引き出す一般的方法は、悲しいことに、存在してはいないのである。

私の作品11

関川村歴史資料館

（新潟県、1994年）

◉第十二章

建築を見る楽しさ、作る喜び

1　諸芸術の母

建築は、様々な芸術そして技術の総合による芸術である。ヨーロッパでは古くから、「母なる芸術（Mother Art）」と呼ばれてきた。彫刻・絵画・工芸等々、様々な芸術分野は建築をつくる中から生まれ育ってきたし、工学・技術の多くも構築という人間の営みと共に発展してきたものである。

建築家（Architect）の語源となる、ギリシャ語のarchitectonは、芸術家・工匠（tecton）の初め、頭（arché）という意味である。ギリシャ人は、芸術も技術もひとつの語「テクネー（techné）」で表し、ふたつを区別していなかった。ローマ人も同じく、ふたつを同じ語「アルス（Ars）」で表していた。ソクラテスは、青年にむかって「建築家になろうと思うのか。それでは、広い学識を持つよう心がけよ（Ⅳ・2・10）」と述べている。ローマ時代の建築家ウィトルウィウスが、『建築書』の中で、建築家の仕事には三つあって、家を建てることの他に、日時計をつくること、器械をつくることを挙げているが、ここにも諸芸術を分けて考えず総合的にとらえている姿勢が現れている。中世の終りルネサンスの始まりとなるフィレンツェのサンタ・マリア・デル・フィオーレ大聖堂の大ドームを設計し、自ら建設を指揮したフィリッポ・ブルネレスキは、彫刻家でもあり、大ドーム建設の難工事に当たっては、複雑な歯車の機構を用いた揚重機をはじめとする様々な発明も行っている（12－1）。

時代と共に、技術も様々に分化し、芸術の分野も細分化されてきた。しかし建築の本質が、様々な技術・芸術の総合にあることには、変わりがない。変わりがないというだけでなく、社

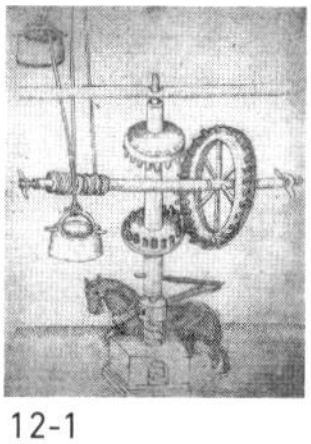

12-1

会の断片化、人間の業の細分化が進んでいけばいく程、初源の業である建築の総合性、全体性の大切さは増してきている。

建築のかたちを見る面白さは、様々な素材、様々な技術、の多彩な組み合わせを見ることに始まる。大工がそして左官工がどのように素材を選び、つくり上げていったか、その手の跡、施工の過程が、建築のかたちの上に示されている。パルテノン神殿に向かってアクロポリスの丘を登り、プロピライアの門をくぐると、その壁面に規則的に四角い影を落している石の突出に目を奪われるが、これは、石を積むための手がかりの跡だ(12-2)。それに触れると、二千五百年前の石工と言葉を交しているような気持ちになる。大工が刻み、組み上げた木材、村の人が助け合いつつ葺いたかや葺きの屋根(12-3)、積み上げた手の跡を示しつつその時から変わらず力を支えているアーチの石(12-4)、……そうしたものを見ていくことは、なんと楽しいことであろうか。鉄やガラス、コンクリート等の現代の

12-4

12-3

12-2

素材にもそれぞれの個性があって面白い。それと組み合わさると、古くからある木や土や石といった素材に、新しい表現が生み出されるところが、また、楽しい。

現代美術が、細分化された分野、個性という名の表現の隘路に迷い込んでいる様を見ると建築のおおらかさは貴重だ。美術館という近代の生み出した奇妙な額縁の中で、奇抜さと過激さを競っている様を見るならば、むしろ現代において建築は、「芸術」から離脱して初源の「テクネー」、「アルス」に回帰した方が良いようにさえ思えてくる。

2　生活の中で生きる

建築は、生活の中で生きている芸術である。社会と共に生きている芸術である。ここにまた建築の根源的な面白さ、そして大切さがある。今日、芸術だけでなく、技術もまた、そして私達の生活に関わる様々な仕事もまた、様々な小さな分野に細分化されている。そして、その様々な小さな生活の断片を支える様々な道具がつくられている。断片化することで技術はそれぞれ先鋭化していき、そのような技術は先端技術ともてはやされる。しかしそれらのほとんどは、生活の表面をかすめて流れ消えていくかげろうのようなものではないのか。秋葉原の量販電機店の、まぶしく騒がしい照明と音響の中で、あなたはそう感じないか。全てたちまち消えていく泡沫のように見えないか。それらに比して建築を作る人々の仕事は、あまりにも原始的で泥くさく見えるかもしれない。しかしその仕事は、人が地上に存在する限り終ることはない。レーウが美しく述べたように、「土くれから住居をつくり出し、大地から集落をつくり、共同体に形を与える建築家の仕事は、人間の、地上における最も初源的な行為」だからだ（12-5）。

実用という役割を荷なわされていることは、建築にとって、

12-5

何と嬉しいことだろう。役に立つという使命を果しつつ、美しくするという仕事はなんと楽しいことだろう。芸術家は自由でなければならないと叫んでいる人は、どうぞ御自由に。アルタミラの洞穴の壁に画を描いた無名の画家から今日まで五千年の時の流れの中で、それぞれの仕事をした数限りない芸術家の中で、そんなことを叫んでいる人は、たかだかこの二、三百年の間に現れ出た変種にすぎないのですから。建築は現実の上に立ち、その基本的肯定の上に立ってのみ創造される。建築においては、否定的表現は、本質的にあり得ない。現実からの逃避あるいはその否定・破壊を求める気持ちを、時に抱くのも人間であることは確かだ。しかし、ニヒリズムの思想、シュールレアリズムの方法は、時にたとえば文学や絵画において有効だったとしても、建築における試みは全て失敗、というよりもむしろ全て喜劇に終るのである。

3　時の流れの中で生きる

あったものは、常にあったものである。
今あるものも、常にあったものである。
いつかあるであろうものも、常にあったものである。
（What was has always been
What is has always been
What will be has always been）

モダニズムの革命の狂気の嵐から身を引いて、ルイス・カーンは、このように語った。

建築は、常に、時間の連続の中で存在している。それが建築の、基本的な存在形式だ。連続性・継続性と言っていい。今ある建築は、全てなんらかのかたちで、既に存在している建築の力を受けて生み出され、いつかやがて消えていく時には、自らの力を次の建築に伝えて去っていく。真の建築とは、そのようなものだ。

　良きもの、とは何か。美しきもの、とは何なのか。それは、長い時の流れの中で、人々が共通に、良きもの、美しきもの、として、受け取り、引き継いできた価値であり、秩序のことである。美についての数多くの、そして多くの場合、あまりにも煩瑣な美学的論議を経て、そして近代以降は、終りなく繰り返される空虚な科学的研究の末、結局私達は美について、そのように言うしかないことを知る。

　私達が共有する時間が私達をひとつにする。それが歴史というものであり、伝統の中身であり、それが建築の形式を定める力である。その力の何たるかは、自然科学的方法によって示されることは決してない。創作という長く困難な道筋の果てに、突然現れ出るのを待つしかない。モーリス・ズンデルが、あの美しい小さな本の中で述べているように。

「美の弟子となった芸術家は、自分には、決してすべてを表現できないことを知っています。彼の作品のひとつひとつは、常に新たに始められる発見の一段階に過ぎないのです。……彼の生涯は、その神秘を追及しながら、つねにより内的な、より把握し難い『現存』に向かうひたむきな努力のうちに過ぎていきます。彼がつくり出す作品は、無限の領域の中で『美』が自分の魂の中に呼び覚ます、手探りのようなものを表すに過ぎません」（『内なる福音』一九三五年）

美はそのような状態として定義し得るのみである。美を生み出す方法を確定することは人間には永遠になし得ない。美とは、見出されるべき対象として設定されるのみである。

このように、真の建築は、かたちを変えつつも、時の流れの中を生き続けていく。人のいのちとは、まさにそのように繋がりつつ、生きているものなのだからである。第一章で、私は、建築とは、自分を確立する基本として存在していると言った。

命は、一時もとどまらず変化しつつも、絶えず新たにされ、続いていくものである。急激な変化は生命を殺す。連続は生命の根底である。従って人々は、生命を支える基本である建築にも、連続を求めるのである。急激な都市開発、自然環境の変化に直面している人々が、建築の保全、町並みの保存に声を上げずにいられないのは、それ故である。

建築史の教育が、建築教育の中心課題として古くから大切にされてきたのも、そうした理由からである。建築の美、建築の秩序の原理は確かに存在している。それは、建築家に偶然や気まぐれで示されるものではない。しかし、美と秩序の原理は、言葉や数式によって示されるものでも、決して、ない。美の原理を機械の使用説明書のように、誰でも読めばわかって用いることができるように示すことはできないのである。

では美の原理、秩序の法則は、どこに見出せるのか。それは、歴史の中にある。しかし歴史は決して自ら語り、述べてくれることはない。それは学ぶ者ひとりひとりが、語りかけ問いかけ、自ら見出さねばならない。そしてその問いかけは、言葉だけではなく、目と手によって行われねばならないものなのである。古典の模写に始まり、長い修練を経て、最後の競争に勝ち残った者に、ローマの遺跡の研究調査と復元設計を課すことで建築教育の長い過程をしめくくったエコール・デ・ボザールの建築教育（12–6）は、その点において、今も間違っていない。

歴史は常に黙している。無数の、正しい答を秘めながら沈黙している。秩序とは、沈黙の中に秘められているのである。アウグスチヌスの言う「秩序の静けさ（Tranquillitas Ordinis）」とはこのことにつながりはしまいか。その静けさに耳を澄まして聴く者にしか、その語る言葉は聴こえない。歴史に学ぶとは単にそれを模倣することでは決してない。自ら求め発見する者にのみ、その答は示される。その時、歴史から学ぶことは、創作と一致するのである。

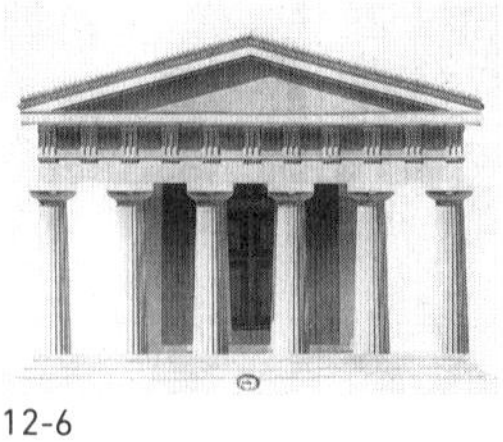
12-6

かくして過去から現在、そして未来へと、創作の道は長く、
終りなく続いていく。

沈黙からの長い足取り
沈黙に向う長い道
（The longest trace from silence
The longest path toward silence）

（ルイス・カーン）

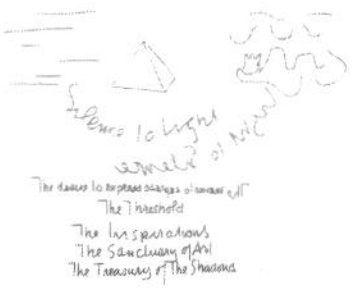

12-7

私の作品12

東京大学伊藤国際学術研究センター
（東京都、2011年）

◉第十三章

建築は語りかける

1　建築は共同体の言葉

十二の章にわたって、建築の面白さ、大切さについて考えてくると、改めて、ひとつのことに気付く。それは、建築が、私達のいつも話したり、書いたりしている言語と同じく、私達の毎日の生活の中で、自分の気持ちを表わしたり、それを互に確かめあったりするはたらきをしているということだ。すなわち、建築のかたちというものが、人間の用いる様々な言葉のひとつである、というあたり前のことに気が付くのである。

この本の最初の章で、私は「建築は、いつも静かに、黙している」と書いた。建築は確かに、私達が普通に用いている言葉と同じ言葉で語っているわけではない。絵画や音楽と同じ言葉を用いているわけでもない。しかし、建築は建築独自の言葉を持っている。その独自の言葉で、建築は語りかけている。私達を、ひとつにつなぐ、大切な言葉で、語りかけている。そのことをこの章で、考えてみたい。

私達の親しい人間のつながり、家族・友人あるいは共同体といった人間関係が、共通の言語、親しい言い回しといったものによって支えられていると同じく、私達の生きる親しい生活環境も、共通の親しい建物、町並み、といったものによって作られている。あたり前の日常のあいさつや受け答えの通じない人間関係が、落ち着かないものとなるように、住みなれた家を離れたり、なじんできた町並みがこわされて失われた時、人は不安で落ち着かなくなる。あるいは、新しい町並みが、いかに、モダンで嶄新なデザインのものであっても、何を語っているのかわからない冷たい表情をしていたり、あるいは騒がしすぎて、わけのわからない言葉を発っしていたりする時、誰しも不安になる。そして改めて私達の日常、私達の人間関係が、そのように共通な様々の言葉や、かたちによってつくられ、また守られていることに気付くのである。建築はそのように、私達を互に結びつけていくはたらきを持つ、社会共同の言葉なのだ。

人間は、建築がそのようなはたらきを持つかたちであることを太古の時から知っていた。原始の人が、初源の建物を建てた時から、わかっていた。(現代の私達より、強くはっきりと理解していた、と言っていいかもしれない。)そのことは、今に残る太古の遺跡、あるいは未開の部族の集落を訪れてみると、よくわかる。

考古学の調査研究が進み、復元技法も深まったおかげで、日本においても、私が学生だった頃には全く知られていなかった古い遺跡が発見され、そして復元された姿を目にすることができるようになった。青森県の三内丸山(13-1)、佐賀県の吉野ヶ里(13-2)といった先史時代の集落の遺跡が、一九八〇年代か

13-1

ら九〇年代に次々と発掘され、復元された時は、本当に驚き、また感動した。太古の昔の、遠い霧の中にあったような人々の姿が、急に生き生きと、身近なものになったり、その声が聞こえてくるような気がした。実際に、そこには、縄文時代の人の姿があったわけではない。それなのに、なぜ、声が聞こえてくるような気がしたのか。それは、建物が、話しかけていたからだ。私達に、語りかけていたからだ。竪穴や高床の住居からは、そこで暮らすそれぞれの家族の声が聞こえ、集落の中央にそびえる高層の楼からは、そこに共に暮らす人々全体の声が響いてきた。笑う声、歌う声、祝う声、時には戦いの雄たけびの声まで、もが、聞こえてくるような気がした。事実、建築はそのような力、はたらきを持っているものなのだ。そして太古の人々も建築とは、そのような力を持っていることを知っていたのだ。それだからこそ、物資も乏しく、技術も未開だった時に、これだけの力を建築に注ぎこむことができたに違いない。

13-2

建築は確かに、語りかけている。様々な意味を、私達に伝えてくれる。私達の日常の生活の中でも、そのことは、よく示されている。誰もが、その建築のはたらきを良く知っている。建築全体のはたらきだけでなく、それを作り上げている個々の部分、それぞれのはたらきの意味をも良く知っている。そのことは、私達誰もが日常絶えず用いている様々な言いまわし、ものの例えの中に、建築が、ひんぱんに登場することによく示されている。「母ちゃんは家の大黒柱だ」と言う。柱が、支えるはたらきをしているだけでなく、その支えるはたらきの大切さを雄弁に語っていることを、誰でも知っているからだ。古代ギリシャ神殿では、女神像が柱となり（13-3）、ゴシックの青銅の入口は聖人像が並んで支える（13-4）。同じように、サッカーのゲームの中心となる選手は「ポスト・プレイヤー」と呼ばれ、国のために生命を捧げた人は「国の柱」と称えられ、「ネルソンのコラム（記念柱）」（13-5）のように柱として建立されるもの

13-4

13-3

もある。あるいは屋根。屋根が、雨風を防ぐものであることは、子供でも知っているが、屋根のはたらきはそれだけではないこともわかっている。その下に居る人が、ひとつの家族であり、共同体であることを外に向って示す大切なはたらきをしていることも知っている。だから、「ひとつ屋根の下に暮す」という言い方が、人と人のつながりの強さを示す言葉となるのだ。「目は心の窓」という言い方も、良く用いられる。目も窓も、内から外を見るだけでない。心の中で何を思っているのか、内にどういう人がどういう風に暮らしているかを、外に向かって示している。建築の言葉は、このように、改めて考えてみると、広く人々の心の中に定着し、広く用いられているものであることがわかる。従って、兼好法師は『徒然草』の中で、「大方は、家居にこそ、事様は推し量らるれ」と言っているわけだ。

このように、私達が日頃暮らしている町とは、使いなれ、聞き親しんだ言葉を発っしている建築によって作られている。落

13-5

ち着いて暮せる町、安心して歩ける通りとは、このような言葉で語りかけてくれる所のことであろう。

住みなれた自分の町の場合だけではない。始めて訪れる見知らぬ町でも、親しみ易い、心安まる気持ちになれるとは、そういうことだろう。なぜ見知らぬ、異国の町でも、親しめるのか。それは、建築のかたちという言葉の基本は、人間共通の条件、——身体のはたらき、心のはたらき、そして重力、気候といった自然条件——に、根ざしているからである。それは、話す言語は異なっていても、表現や身ぶり、あるいは言葉の調子に、共通なものがあることに通じていると言っていいかもしれない。だから、幼い子供でも、お寺と駄菓子屋を間違えることがないように、私達でも、見知らぬイタリヤの町（13-6）を安心して楽しく歩き回ることができ、教会と競技場を間違える心配はないのである。イギリスの町（13-7）を訪れても、カレッジの建物とパブ（居酒屋）を間違えることはないのである。それらの建

13-6

物が、建築のかたちという誰にでもわかる共通の言葉、すなわち「カタチ・コトバ」で作られているからである。

ここまで考えてくると、私達の世界が、人と人のつながりによってできている世界が、通常用いている言語、すなわち話したり書いたりする言葉によるだけでなく、他の様々な「コトバ」によってできていることに気付く。絵画、彫刻、工芸品といった美術品は勿論のこと、サインや記号、あるいは身ぶりや手ぶり、踊りから叫びや歌まで、全て、欠くことのできない、大切なコトバだ。

建築は、その数多くある「カタチ・コトバ」の中でも、町を作り、都市を育てて来た、共同体の基本となるコトバだ。それは共同体が共有する長い時間の中で育てられる。そして共同体共通の、わかり易く、かつ強固なコトバとなる。それは、共同体が育ててきたものであると共に、共同体を育ててきたものでもある。伝統、あるいは慣習、とはそのことに他ならない。建

13-7

築という芸術、技術の面白さ、そして大切さとは、この共同体の言葉という本質に根ざしているのである。この建築の本質を、今日のように変化と交流の激しくなった時こそ、改めて、しっかり考えなおしてみることが必要だ、と思う。

2　様式の面白さ——カタチ・コトバの成熟と個別化

建築のカタチ・コトバは、原始的な段階では、全て大変良く似ている。同じ素材で造られていると、違いを見つけるのも難しい。新石器時代の中国の住居（13-8）と、縄文時代の日本の住居（13-9）も見分けはつけ難い。第二章で述べたように、十九世紀、フランスの建築家ヴィオレ＝ル＝デュクが、「人類共通の初源の住居」を想像して図解してみたのも（2-5参照）、そうした関心からだ。原始的な建築が、似たようなカタチ・コトバで作られていることは、叫び声や擬音を用いる原始的な言葉、

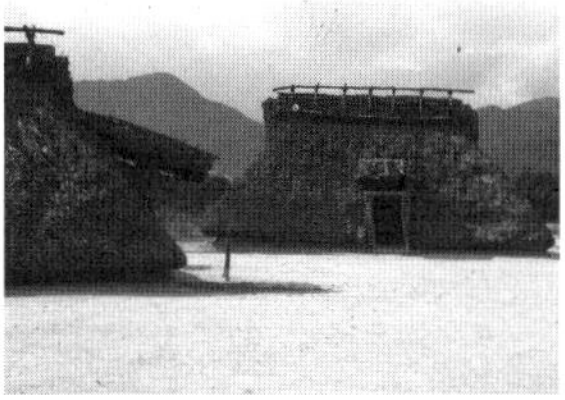

13-9

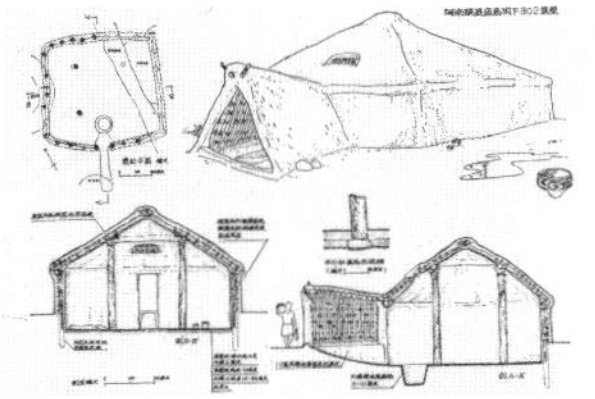

13-8

あるいは幼稚な言葉に、共通性が多いことに通じている。

このような、原始的な段階から、カタチ・コトバは、これまた一般言語と同じく、より高度な表現が可能な形式に向って複雑化し洗練されそして成熟していく。この形式が、ある完成に達したものを、一般的には「様式（style）」と呼ぶ、と考えていいだろう。「ゴシック様式」、「バロック様式」、「古典様式」、といわれるものがそうだ。日本建築の場合で、「書院風（あるいは造り）」、「数奇屋風」も、大きくは様式の呼称だといっていい。さらには「――好み」、「――流」といった呼び方もあって、その示す範囲が、広く時代、地域的な場合から、狭く流派・個人の場合まで、いろいろあるが、厳密な定義は難しい。

ここで論じたい興味深い点は、様式は、原始的で一般的な形式から出発して、必ず、より成熟した高度な段階に向かって進化していくということであり、必ず、より個別・特殊な形式の完成に向かう、ということである。

たとえ、中国と日本の三千年前の住居が似ていたとしても、そして共に木造の柱梁の上に瓦屋根がのせられていたとしても、今日の建築で、日本の建築と中国のその違いは歴然としている。それを取り間違える者がいるとしたら、よほど無知か、愚鈍であるに違いない。

そうした例は、あえて、挙げるまでもないかもしれないが、もうひとつ、ゴシックの例をみてみよう。十二世紀末から十三世紀始めにかけて、フランスで誕生したゴシック様式は、たちまちにして西ヨーロッパ各地に広がった。今日、われわれの目で見ても、驚嘆・感嘆おくあたらざるこの壮麗な建築が、当時の人々にとっていかに衝撃的であったか、想像を絶するものがある。形が秀れていただけでなく、この様式は、構成の形式が、合理的、論理的であり、それと同時に、その細部は多様で変化に富み、かつ活力に富むものであった。当時の人々が競ってそのカタチ・コトバを習得せんとしたのも当然だと思われる。

かくして、ゴシック様式は、ドーバー海峡を越えて、イギリスへ、ライン川を渡ってドイツへ、そしてアルプスの南イタリヤへと、瞭原の火の如く、広がっていったのだが、そのフランス生まれの様式は、各所に移り代えられる度にそれぞれの土地で、それぞれの特性を持って、作り出されることになっていった。面白いことである。いずれも、間違いなくゴシックでありながら、同時にイギリスのものはまぎれもなくイギリスの形（13-10）であり、イタリヤのものはイタリヤ（13-11）となっていった。その違い、個性、そしてその違いのうちに浮かび上るゴシックという共通の様式、それを見、味わうことは、まことに楽しい。更に、細かく、良く見ると、同じイギリスゴシックでも、ソールズベリとリンカーンは、同じではない。それぞれの特性がある。都市に異なる個性が現われているのである。それが様式を知ることの面白さである。

なぜこうなるのか。なぜ、こういうことが起こるのか。それ

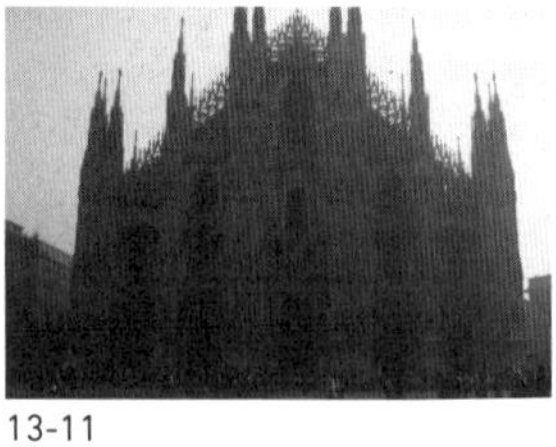
13-11

13-10

は、建築の様式が、ひとりの人間、個人ではなく、ひとつの文化集団によって生み出されるものであるからだ。いや、むしろ、中世における都市という文化集団は、ひとつの共同の建築を建てるということにおいて、行為において、それぞれの共同性・一体性が獲得されていった、と言った方がいいだろう。建築をつくるという仕事は、そのように、人々をひとつにつなぐ力を持つものなのである。中世西ヨーロッパの都市には、建築をはじめとして、様々な職能別の団体組織、すなわちギルド、があった。その中でも、石工のギルドは、最大、最強力の団体であり、それは、その町の聖堂建設を営むだけでなく、弟子を育て、技術を伝承していく、教育・養成機関の役割も果たしていたのである。そういう集団の中で、技能が育成され、伝承される中で、様式の個性は生み出され、その個性がまた人々のつながりを強めていったのである。

このように、建築が、そしてその様式が、人々をひとつにつなぐ力になることが、自覚されるようになると、当然、それを積極的に利用しようとする考えが生まれてくる。そのようにして生まれたひとつの見事な制度が、一六七一年、絶対主義王制のフランスに生まれた美術・建築アカデミーである。これは、諸侯国を統合して、王国となったフランスにふさわしい「様式」を定め、それに従って国家的建築を設計し、また後継者の教育に当る建築家・美術家を任命するために造られた制度である。このアカデミーが、フランスにふさわしい「国語」をさだめることを任務として一六三五年に設立されたアカデミー・フランセーズに続くものであったことも、言語と建築の共通性を示している。設立にあたってルイ十三世の宰相リシュリューは「アカデミーの任務は、わが国の国語に正しい規則を与え、純化し、雄弁にし、（国家を支える）十分な能力を持つことにある」と記したが、この「国語」という単語を「建築」に置き替えれば、そのまま美術アカデミーの任務となるものと言ってもいいだろう。

フランス・美術アカデミー（13-12）の達成した成果は偉大なものであった。今日私達が直接目にすることができる美しき都・パリ、芸術の都パリは、このアカデミーに連なる数々の建築家・美術家の生み出したものである。古典主義様式を体系化し、精微に理論化した設計方法論と教育制度は、二十世紀に入るまで、欧米各国の建築・美術教育の模範とされてきた。（残念ながら、日本には十分に移入されないうちに、モダニズムの波に押し流されたのであったが）

建築は、人の心をつなぎ、ひとつにする。そういう力を持つ、芸術であり、技術である。もうひとつだけ、そのユニークな例を挙げよう。それは、アメリカのトマス・ジェファアソンの建築である。トマス・ジェファアソンは、一七七五年のアメリカを独立に導いた指導者のひとりであり、独立宣言の起草者としても知られる政治家であり、合衆国の第三代大統領となった。彼はまた、ルネサンス的万能の人で、科学者であり、博物学者であり、農業やその他の技術の開発・発明の成果も挙げたが、その

13-12

ような多彩な活動を行う中で、彼は、建築という芸術・技術の、面白さと大切さを知った。そして、政治的独立を成し遂げたアメリカが、文化的にも、イギリスへの依存から脱して、眞に独立するためには、新しい国家独自の様式を持たねばならぬ、国民が建築を理解し創造する力を持たねばならぬと考えるに至った。そして、彼は独学で建築を学んで、建築家となったのである。このように、高い理想を持ちつつ現実を踏まえた彼の建築は、古典主義的教養を基盤としていながらも、彼独自の個性に溢れたものとなった。特に、ヴァージニア大学のキャンパスとその建築群（13-13）は、その配置自体が、学生と学生、学生と教師のつながりを生み出す力を持つ、興味深い形式を作り出しているが、更にひとつひとつの建物が、ここで学ぶ学生に何が良き建築の形態・意匠であるかを教える模範としてデザインされた（13-14）。ジェファソンは、まさに、人々に語りかけるものになればならない、と信じて建築を作ったのである。

13-13

3　伝統と革新　建築の言葉は回復できるか。

二十世紀に入って、モダニズムの激しい動きの中で、様式は否定され、伝統は踏みにじられた。モダニズムの目指したところは、何よりも先ず、伝統の否定そのもの、革新することそのことの内にあったからである。従って様式があるとすれば、それは普遍的な、唯一の「国際様式」でなくてはならなかった。モダニズムの旗頭のひとり、ル・コルビュジエは、「建築か、革命か」と叫んだ。建築で何を行うか、ではなく、革命することに目標があった。もう一方の旗手、フランク・ロイド・ライトは「私は過去の何ものからも学ばない」と言った。そんな地球外から来た生物しか言えないような言葉が、人々の心を躍らせた時代だったのである。さらにもうひとり、ミース・ファン・デル・ローエにおいては、「私が従うべきなのは（歴史ではなく）素材だけだ」と断言した。これは素直に受け取れば、新石器時

13-14

代の建設者と同じ姿勢ということになる。あるいはまたグロピウスは「バウハウスの創り出す新しい建築は『国際様式（International Style）』でなくてはならない」と宣言した。そして新しい建築教育に歴史の授業は不要であるとも言ったのである。こういう姿勢が、モダニズムの根底をつくっていた。私が建築学科に進学した時、一九五〇年代の末のことだが、先輩のひとりが、「F教授の西洋建築史は止めとけ、様式主義だからな」、と忠告してくれた。（ただし私は忠告に従わず、その講義を面白く聴いたのだが）。すでにモダニズムは、ここまで通底していたのである。

モダニズムが、何故にかくも激しく、伝統を拒絶し、様式に反抗したのか。先立つ十九世紀の様々な試み、時には古代ギリシャまで遡り、あるいは中世ゴシックに立ち帰り、様々な様式を復興し、あるいは折衷せんとした努力は、何故にかくも無残に切り捨てられたのか。当時の人々の心を、あれこれ推察することはできようが、断定することは難しい。十九世紀末の人にとって、伝統はそんなに窮屈で、様式はそんなに退屈なものだったのか。パリのエコール・デ・ボザールの教育は、そんなに不自由で、重苦しいものだったのか。それにしても、なんであんなに、叫び立てる必要があったのか。たとえ、血は流さなかったにしても、革命騒ぎ、戦争の真似ごとのような、破壊的な運動になる必要があったのか。理由が何であったにでよ、はっきりしているのは、結果として、伝統的な、日常的な建築の言語は、捨て去られ、失われていったことである。そしてもの静かで、親しみ易い町並み、生活空間は消えていったのである。

二十世紀前半の、モダニズムの熱狂は、今や過ぎ去ったように見える。社会全体の、人々の一般的気分としては、そう言っていいだろう。しかし、芸術、特に美術の創作の領域においては、未だ健在である。というより、伝統を一度捨てた後には、頼るものとしては、革新的であること、過激であることしか残っていない、ということかもしれない。新しいこと、これまでと違っていること、すなわち、奇抜で特異であることを競う姿勢は消えていない。いやむしろ、注目を集めるための決め手とする姿勢は、建築界の本流であり続けている。評論も、ジャーナリズムも、そして建築理論も、未だに革新以外の評価基準を持ち得ていないのだ。

伝統的な町並みが消えると共に、建築における日常も消えた。建築の歴史的様式が捨て去られると共に、かつてのエコール・デ・ボザールが組み立てていたような、形態言語、その要素も、構成形式（13-15）も、棄て去られた。

しかしながら、落ち着いて考えてみるならば、本質的にカタチ・コトバである建築が、言語である特質を捨てるわけにはいかない。ではどうなるか。ひとつの道は原始的言語、幼児語にもどることである。それは、まさに今日の状況を代表する建築作品によく現れている。では、どういう言葉が用いられるのか。「わたしの作りたいのはフワフワとしたかたちなのです」、「ツ

13-15

ルッルした表面のです」、「ぐにゃぐにゃした空間……」、こういう言葉である。学生の設計図面から、「世界的」と称される一流の建築家の作品・その説明にまで、溢れているのは、こうした用語であり、観念である（13-16）。今日の建築は、イメージ的にも、思想的にも、新石器時代の人類に回帰しているのだ。

こういう状況から生み出される町並みや都市が、静けさや落ち着きから程遠い騒がしい、混乱したものになるのは当然といえる。上海やドバイ、シンガポール等世界各地の新興都市の姿（13-17）を見ればよくわかる。個々の建物が、華やかで新奇な衣装で登場すればする程、都市全体の印象は不思議な程一様で退屈だ。個性もなければ、親しみやすさもない。いうなれば、各自大声で、意味不明の勝手な叫び声を挙げている群衆の姿に似ている。こういう町に住む喜びを見出すことは難しい。

人間には時に、気晴らしもいるものだ。日常の時間の流れの内には、時にお祭り騒ぎもなくてはならない。建築物の中にも、

13-17

13-16

いくつかは、お祭りの山車や御輿のような（13-18）、破目をはずしたものもあっていい、のかもしれぬ。しかしそうした祭りの飾りのようなものが、お祭りの後も残って雨に打たれている様子は、惨めで淋しいものだ。お祭り建築、お飾り建築のみを、評価し誉めそやすことは、もう終りにしなければいけない。（むしろ、種目、ジャンルを別にすべき時がきているのかもしれない。このことは改めて、しっかり論ずる必要がある）

いろいろ述べて来たが、未来に希望が無いわけではない。良い兆もある。私は建築家として、日本各地の市町村で、様々な公共建築を設計してきたが、その際に必ずその地の人々から聞かされた言葉は、「この場所にふさわしい建物にして下さい」、という言葉だ。あるいは「どこのものかわからない、奇抜な建築は止めて下さい」という意見だ。町並みを大切にし、保存したいという運動を、ねばり強く続けている人も多い。どの人も、皆それぞれに、自分の町を愛し、その特性を大切に育てたいと

13-18

願っているのである。そういう心がある限り、地方の衰弱ははなはだしいとは言えまだ大丈夫だとも思う。

建築の専門家、すなわち設計者や研究者も、これまで、モダニズムの威勢のいい言葉に景気の良い姿勢に、ふり回されすぎてきた、と私は思っている。あるいは、熱狂が転じて、去りにし栄光を嘆じる声もあるが、賛美・崇拝の姿勢に変りはない。それはそれで良しとして、私は、先立つ歴史からモダニスト達を貫いて、未来につながる流れを、冷静に、具体的に考察することが、今こそ大切だと思っている。その流れとは、建築が、ひとつの言葉であるという本質から生み出されている流れだ。威勢のいいスローガン、宣伝文からは一寸距離を置いてみれば、モダニストの戦闘的な作品の中にも、建築のカタチ・コトバを回復したい、再建したいという、真摯な姿勢も見えてくる。それはすでに、歴史家・スカリーが、ライトの建築の内に、古典主義の構成原理が潜んでいることを論じたことの内にもあったし、あるいはル・コルビュジエの住宅平面の根底にルネサンス、パラディオの空間構造が存在していることを示した研究の内にもあったことである。

人間が、五千年の都市建築の歴史の中で、生み出してきた様々な様式に、愛情と敬意を持ちつつ、同時にその土地、その場所に根ざして個々別々な特質を持つ、多様な建築を生み出していくこと、そのことが再び可能ならば、私達の住む町は、もう一度喜びをとり戻すことができるに違いない。

私の作品13

ロームシアター京都
（京都府、2016年）

旧版あとがき

この本は、建築家を志している人だけでなく、広く一般の人に、建築の面白さを知ってもらい、皆で、私達の住む建物や町を大切にする心を育てていきたい、そういう思いで書かれたものである。

この本の元となったのは、二〇〇四年から八年にかけて、放送大学のテレビ放送によって行った講義、『建築意匠論』、である。この講義も、狭い専門科目としてというよりは、広い教養科目のひとつとして行ったものであるが、建築の専門家や学生だけでなく、予想以上に広い分野の、様々な方からの反響が寄せられた。放送大学のテレビ講義を見ている人が、放送大学の学生以外にもいかに大勢いるかを知って驚いたが、何よりも嬉しかったことは、建築に関心を持ち、期待を寄せている人の多いことが改めて確認できたことである。

しかし、同時にまた、多くの人が建築芸術に寄せる期待とは、今日の建築や都市の状況に対する危惧、あるいはむしろ不満の裏返しでもあった。建築が、現代芸術の流れにのって、奇妙なかたちの遊びになっているのは正しいことなのか、その結果私達の住む町が、安らぎも落ち着きもないものになっていって、それでいいのか、そういうあたり前の、しかし健全な疑問に専門家として答えることが求められている、そういう気持も強くなっていった。狭く、そして過激になった現代美術の一分野としての建築ではなく、昔からそうであり、これからもそうでなければならない、社会芸術・生活芸術としての建築について、広く多くの人と語りあうような本が求められている、そう改めて考えはじめていた時であったので、放送大学叢書での出版のお話があった時は、嬉しいと同時に、身のひきしまる思いでもあった。

当初の企画は、放送大学の放送用テキストを、改訂するということであった。しかし、実際に取りかかってみると、それでは満足のいくものにならないことが直ちに判明した。テキストは、もともとテレビでの講義を補うものとしてつくられていて、それだけで自立して読まれるものとは考えられていない。従って原文への、加筆や修正では、文章全体に流れとリズムが出てこない。ということで、あれこれいじりまわした挙句、話の内容は基本的に同じでも、全く新しく書き直すことになってしまった。その際、全体を十二章に組み立て直し、必要最小限の図版を付すことにした。

全体をこのように組み直し、書き改める見通しと決心は、今改めて思えば、編集者小柳学氏と最初に出会って話し合っている間に出来上がっていたようにも思われる。それは、氏が、まさに「建築を愛する人」のひとり、それも最良のひとり、として私の前に現れたからである。氏に深く感謝すると共に、この本が、そして建築芸術が、私達の望みどおり、多くの人に愛されるようになることを願うものである。

二〇一〇年二月十七日、灰の水曜日に

香山壽夫

この度、初版より十年経って、増補改訂された新しい版が出されることになった。誠に嬉しいことである。長年に渡って、丁寧に読んで下さる方々のあること程、書いた者にとって、ありがたく幸せなことは無い。

この十年間で、この本については、建築の学生や専門家からだけでなく、様々な方からの反応があった。見知らぬ土地で、市民の方々との集会に出た時、この本を差し出されたことも、幾度かあった。高校生の補習教材や、中学生の講習会テキストへの掲載要望は、毎年いくつも来るようになっていたが、ある年には、小学六年生にも読まれていることを知って、驚きかつ嬉しかった。旧版のあとがきにも記したように、専門外の多くの人に読まれることが、この本の願いであったからである。

年と共に日本の各地でその地に根付いた仕事を展開する若い建築家に出会うことも、多くなってきたし、自分の住む町づくりに力を入れる市民の数も少しずつではあるが、増えてきたように感ずる。建築を愛し、町を大切に思う人の数が増えているのならこれもまた嬉しいことである。

しかし、単純に楽観するわけにもいかない。都市の巨大化は、世界中でますます進行し、落ち着いた平安な生活は失われつつある。地球の温暖化、そして自然環境の崩壊も、巨大都市のエネルギーの浪費の生み出したものである。風変りな建築を面白がり、もてはやす風潮も、無くなるどころか、ますます盛んである。建築を、お祭り騒ぎの飾りとして消費していく態度も、日常の生活の秩序を失った巨大都市が生み出す妄動に他ならない。グローバリズム、すなわち経済至上主義の価値観に対抗し、私達の住む空間、暮す世界の秩序を回復していくためには、私達ひとりひとりが、空虚な馬鹿騒ぎと浪費を止めて、身近な秩序を大切にしていくしかない。この本で繰り返し述べてきたように、建築とは、私を包み、そして私と家族、共同体を共に包む囲いを築くことに他ならないのである。

この新しい版は、始めの十二章に若干の補足はしたもののその基本は保った上で、十三章を書き下したものである。建築を「形の言葉」、として把える考え方は、それまで私の考えてきた「建築意匠論」、「建築形態論」の延長線上に自然に生まれていたものである。それは、建築の美、あるいは形の秩序を観念的にではなく、住む人、使う人との関連で具体的に考察するための方法であるが、一般の人と共に、建築を論ずるための、ひとつのわかり易い枠組みでもあると思い、この十三章で扱うことにした。しかし論じてみると、この主題は、過去の歴史的な建築様式から多様な地域様式を含む、大きな、そして興味深いテーマであることを強く自覚するようになった。もしも、私に残された時と力があるならば、改めて、更に包括的に、取り組みたいと思っている。
いずれにせよ、この新しい版が、旧版以上に、多くの人々に受け入れられることを願うものである。

二〇二一年八月十五日
（マリアの被昇天の祝日　第七六回終戦記念日に）

香山壽夫

創刊の辞

この叢書は、これまでに放送大学の授業で用いられた印刷教材つまりテキストの一部を、再録する形で作成されたものである。一旦作成されたテキストは、これを用いて同時に放映されるテレビ、ラジオ（一部インターネット）の放送教材が一般に四年間で閉講される関係で、やはり四年間でその使命を終える仕組みになっている。使命を終えたテキストは、それ以後世の中に登場することはない。これでは、あまりにもったいないという声が、近年、大学の内外で起こってきた。というのも放送大学のテキストは、関係する教員がその優れた研究業績を基に時間とエネルギーをかけ、文字通り精魂をこめ執筆したものだからである。これらのテキストの中には、世間で出版業界によって刊行されている新書、叢書の類と比較して遜色のない、否それを凌駕する内容のものが数多あると自負している。本叢書が豊かな文化的教養の書として、多数の読者に迎えられることを切望してやまない。

二〇〇九年二月

放送大学長　石弘光

放送大学

学びたい人すべてに開かれた
遠隔教育の大学

〒261-8586 千葉市美浜区若葉2-11
Tel: 043-276-5111　Fax: 043-297-2781　www.u-air.ac.jp

香山壽夫（こうやま・ひさお）
建築家。1937年、東京都生まれ。東京大学名誉教授、香山建築研究所会長、アメリカ建築家協会名誉会員。主な受賞に、日本建築協会作品賞、村野藤吾建築賞、日本建築学会大賞、アメリカ劇場協会賞、日本芸術院賞など。主な作品に、彩の国さいたま芸術劇場、東京大学工学部一号館改修、聖学院大学礼拝堂、函館トラピスチヌ・旅人の聖堂、東京大学伊藤国際学術研究センター、ロームシアター京都など。主な著書に、『建築意匠講義』『建築家のドローイング』（ともに東京大学出版会）、『ルイス・カーンとはだれか』『建築家の仕事とはどういうものか』（ともに王国社）など。

1937年　東京都に生まれる
60年　東京大学工学部建築学科卒業
65年　ペンシルヴェニア大学美術学部大学院修了
71年　東京大学助教授
75年　イエール大学美術史学科客員研究員（76年まで）
82年　ペンシルヴェニア大学客員教授
86年　東京大学教授
97年　東京大学名誉教授、明治大学理工学部教授（02年まで）
2002年　放送大学教授（07年まで）
08年　聖学院大学教授（12年まで）

シリーズ企画：放送大学

帯ならびにp.218, 243 写真：小川重雄
p.240 唐津市提供

建築を愛する人の十三章

2021年11月1日　第一刷発行

著者　香山壽夫

発行者　小柳学

発行所　左右社
〒150-0002 東京都渋谷区千駄ヶ谷3-55-12　ヴィラパルテノンB1
Tel: 03-5786-6030　Fax: 03-5786-6032
http://www.sayusha.com

装幀　松田行正＋杉本聖士

印刷・製本　創栄図書印刷株式会社

Printed in Japan　ISBN978-4-86528-043-2

放送大学叢書

日本人の住まいと住まい方

平井聖　定価一八〇〇円+税

人々の生活の数だけ無数にありながら、歴史にきわめて残りにくい住宅。失われた日本人の暮らしをＮＨＫ大河ドラマの時代考証にも携わる著者が15のキーワードを軸に解き明かす。日本の隣国、中国・韓国の暮らし方とも比較。

方丈記と住まいの文学

島内裕子　定価一八〇〇円+税

方丈記を源流とし、日本文学における住まい観の多様な広がりを浮き上がらせる意欲的な一冊。先人たちは、住居と日常に何を見出したか？『徒然草』に描かれた〝好ましくない室内描写〟など、興味深い資料も収録。

新・住宅論

難波和彦　定価二五〇〇円+税

物理的にも精神的にも持続可能なデザインから住宅の問題を総合的に考えることは可能だろうか。「箱の家」の難波和彦が、仮設住宅から超高層ビル群まで、３・11の震災以降新たな調査と取材を重ねて生まれたあたらしい住宅論。

衝突と共存の地中海世界　古代から近世まで

本村凌二・高山博　定価一七〇〇円＋税

ギリシア、ローマ時代を経て、ラテン・カトリック文化圏、ギリシア・東方正教文化圏、アラブ・イスラーム文化圏が鼎立し、衝突や交易を展開した14世紀までの諸勢力、諸民族の接触史を描く。

響映する日本文学史

島内裕子　定価一八〇〇円＋税

『古今和歌集』『源氏物語』『草枕』などを題材に、「響映」＝「響き合い、映じ合う」という視点から歴史を超えて織り成されてきた、新たな日本文学の姿を明らかにするドラマティックな文学史入門。

遊環構造デザイン　円い空間が未来をひらく

仙田満　定価二四〇〇円＋税

こどもが生き生きと楽しく成長できる空間こそ、この国の未来を支える空間である。半世紀にわたる環境デザイン研究によって見出した「遊環構造」とはなにか。その理論と実践を集約する一冊。